新质生产力

引领转型升级的重要引擎

李立中　王喜文　著

中国科学技术出版社
·北　京·

图书在版编目（CIP）数据

新质生产力：引领转型升级的重要引擎 / 李立中，王喜文著 . -- 北京：中国科学技术出版社，2025. 8（2025.10 重印）.
ISBN 978-7-5236-1501-0

Ⅰ . F120.2

中国国家版本馆 CIP 数据核字第 2025NR0909 号

策划编辑	杜凡如　王秀艳	**责任编辑**	高雪静
封面设计	北京潜龙	**版式设计**	愚人码字
责任校对	张晓莉	**责任印制**	李晓霖

出　　版	中国科学技术出版社
发　　行	中国科学技术出版社有限公司
地　　址	北京市海淀区中关村南大街 16 号
邮　　编	100081
发行电话	010-62173865
传　　真	010-62173081
网　　址	http://www.cspbooks.com.cn

开　　本	880mm × 1230mm　1/32
字　　数	150 千字
印　　张	7.25
版　　次	2025 年 8 月第 1 版
印　　次	2025 年 10 月第 2 次印刷
印　　刷	大厂回族自治县彩虹印刷有限公司
书　　号	ISBN 978-7-5236-1501-0
定　　价	68.00 元

专家委员会

推荐序一

在人类文明的长河中，每一次生产力的重大飞跃，都如同破晓的曙光，为社会发展开辟全新的航道。从石器时代到蒸汽时代，从电气时代到信息时代，生产力的变革始终是推动人类社会进步的核心力量。当历史的指针指向21世纪的第三个十年，全球经济格局正经历着前所未有的深刻调整，新一轮科技革命和产业变革浪潮汹涌澎湃，在这样的时代背景下，新质生产力应运而生，成为引领经济转型升级的重要引擎，肩负起推动人类社会迈向更高发展阶段的历史使命。

新质生产力的诞生，源于技术的革命性突破。以人工智能、量子信息、集成电路、生物技术、新能源、新材料等为代表的前沿技术，正以前所未有的速度和深度重塑着世界的面貌。这些技术的突破，不仅催生了新的产业形态，更为生产要素的创新性配置和产业的深度转型升级奠定了坚实基础。

生产要素的创新性配置，是新质生产力区别于传统生产力的重要特征。在传统经济模式中，生产要素主要包括劳动力、土地、资本等有形要素，且配置方式相对固定。而在新质生产力体系下，数据、知识、技术、创新能力等无形要素成为核心生产要素，其重要性日益凸显。生产要素的创新性配置，打破了传统的资源约束，实现了要素的优化组合和价值最大化。

产业深度转型升级是新质生产力的集中体现。随着技术的进步和生产要素的创新配置，传统产业不再局限于简单的规模扩张和产能提升，而是通过智能化改造、数字化转型和绿色化升级，实现了从“制造”到“智造”的跨越。新兴产业如雨后春笋般蓬勃发展，新能源汽车、数字经济、生物医药等产业展现出强大的生命力和发展潜力。同时，未来产业也在前沿技术的推动下逐渐萌芽，脑科学与类脑研究、可控核聚变、空天技术等领域的探索，为人类社会的未来发展描绘出无限可能。产业的深度转型升级，推动了经济结构的优化和产业体系的重构，形成了新的经济增长点和竞争优势。

新质生产力的发展，还带来了一系列新的趋势和经济形态。更高素质的劳动者成为推动生产力发展的核心力量。在知识经济时代，劳动者不再仅仅是体力的付出者，更需要具备创新思维、专业技能和终身学习能力。企业和社会对人才的需求从数量型向质量型转变，对劳动者的教育和培训提出了更高的要求。更高技术含量的劳动资料，如智能机器人、自动化生产线、云计算平台等，极大地提高了生产效率和产品质量，降低了劳动强度和生产成本。更广范围的劳动对象，不仅包括传统的自然资源和原材料，还涵盖了数据、信息、知识等无形资源，劳动对象的拓展为生产力的发展开辟了新的空间。

新经济形态在新质生产力的推动下蓬勃发展。无形经济中，知识产权、品牌价值、数字内容等无形资产成为企业和社会财富的重要组成部分；网络经济借助互联网和信息技术，打破了时空限制，实现了资源的快速共享和高效配置，电商、社交媒体、在线教育等网络经济模式深刻改变了人们的生活和消费方式；异质经济强调差异化竞争和个性化发展，满足了消费者多样化的需求；倍增经济通过技术创新和商业模式创新，实现了经济增长的指数级提升，一些新兴企业凭借独特的创新模式，在短时间内实现了爆发式增长。

新业态的涌现是新质生产力发展的生动写照。通过引入新技术、新模式、新管理，传统产业焕发新的生机与活力。数字经济、新能源、新材料等新兴产业快速发展，成为引领经济发展的新引擎。我们应积极培育未来产业，着眼于长远发展，抢占科技和产业竞争制高点。未来产业的培育需要持续的研发投入、创新人才培养和政策支持，虽然面临诸多不确定性，可一旦取得突破，将为经济社会发展带来巨大的变革。

《新质生产力：引领转型升级的重要引擎》这本书，系统地阐述了新质生产力的内涵、特征、发展路径以及对经济社会发展的深远影响。通过对新起点、新趋势、新经济、新业态等方面的深入分析，本书为读者呈现了新质生产力的全貌，揭示了其在推动经济转型升级、实现高质量发展中的重要作用。无论是政策决策者、企业管理者，还是经济学研究者和普通读者，都能从本书中汲取智慧和力量，更好地理解和把握新质生产力发展的机遇与挑战，为推动经济社会的持续健康发展贡献自己的力量。

在新质生产力的引领下，人类社会正站在一个新的历史起点上。面对未来，我们既充满期待，也面临诸多挑战。但可以肯定的是，新质生产力将以其强大的创新力和生命力，持续推动经济转型升级，创造更加美好的未来。让我们携手共进，积极拥抱新质生产力时代的到来，共同书写人类社会发展的新篇章。

中国致公党第十六届中央委员会委员、经济委员会副主任

王泽群

推荐序二

2023年9月，习近平总书记在黑龙江考察调研期间首次提到“新质生产力”。新质生产力的出现，首先体现在对传统经济增长方式和生产力发展路径的大胆突破。传统经济增长模式长期依赖高投入、高消耗、高排放的粗放式发展，在创造经济繁荣的同时，也带来了资源短缺、环境污染、产能过剩等一系列问题。这种不可持续的发展方式，犹如在沙滩上建造高楼，根基脆弱，难以抵御市场波动和环境变化的冲击。而新质生产力如同破晓的曙光，打破了这一困局。它以技术革命性突破为核心驱动力，不再局限于传统的劳动力、资本和土地等要素投入，而是将目光投向了更为广阔的创新领域。

技术的革命性突破是新质生产力的灵魂所在。从人工智能的深度学习，到量子计算的飞速发展；从基因编辑技术的精准操控，到新能源技术的不断革新，每一项重大技术突破都如同点亮黑暗的明灯，为生产力的提升开辟了全新的道路。这些技术的突破，不仅提高了生产效率，更催生了全新的产业形态和商业模式。

生产要素创新性配置是新质生产力得以实现的关键环节。在传统经济模式下，生产要素的配置往往遵循着固定的模式和规则，资源的利用效率难以得到充分发挥。而新质生产力强调对生产要素进行重新整合和优化配置，打破传统的要素边界和行业壁垒。通过数据要素的深度挖掘与应用，将分散的信息转化为有价值的资源；通过产业协同创新，实现不同行业之间的优势互补和资源共享；通过人才培养与引进机制的创新，吸引全球顶尖人才汇聚，为新质生产力的发展提供智力支持。这种创新性的要素配置方式如同巧妙的拼图游戏，将看似零散的要素组合成一幅完美的画卷，释放出巨大的生产力潜能。

产业深度转型升级，是新质生产力发展的必然结果和重要体现。在新质生产力的推动下，传统产业不再是夕阳产业，通过技术改造和创新升级，焕发出了新的生机与活力。与此同时，新兴产业和未来产业如雨后春笋般蓬勃发展，成为经济增长的新引擎。数字经济、生物经济、绿色经济等新兴产业，凭借其高附加值、低资源消耗、强创新能力的特点，吸引了大量的资金、技术和人才投入；而量子信息、脑科学、空天科技等未来产业，则代表着科技发展的前沿方向，蕴含着巨大的发展潜力和商业价值。

新质生产力的发展，还呈现出一系列新趋势。更高素质的劳动者成为推动生产力发展的核心力量。在知识经济时代，劳动者不再仅仅是体力的付出者，更需要具备创新思维、专业技能和跨学科知识。企业对人才的需求，从传统的熟练工人逐渐转向具有创新能力和复合知识结构的高端人才。为了适应这一趋势，教育体系也在不断改革和创新，注重培养学生的实践能力和创新精神，为新质生产力的发展提供源源不断的人才支持。

更高技术含量的劳动资料，是新质生产力的重要物质基础。从工业机器人到3D打印机，从智能生产线到数字化工厂，先进的劳动资料不仅提高了生产效率，而且改变了生产方式和生产组织形式。这些高科技劳动资料的应用，使得生产过程更加精准、高效、灵活，能够满足个性化、定制化的市场需求。

更广范围的劳动对象，拓展了生产力发展的空间。随着科技的进步，人类对劳动对象的开发和利用不再局限于传统的自然资源，而是向更深层次、更广领域拓展。

新质生产力的发展，催生出了一系列新经济形态。无形经济，以知识、技术、数据等无形要素为核心，成为经济增长的重要支撑。软件研发、知识产权、数字内容创作等无形经济领域，凭借其轻资产、高附加值的特点，在经济总量中的占比不断提高。网络经济，依托互联网技术，打破了时间和空间的限制，实现了信息的快速传播和资源的高效配置。电子商务、共享经济、在线教育等网络经济模式，改变了人们的消费习惯和生活方式，推动了经济的数字化转型。异质经济，强调产品和服务的差异化和个性化，满足消费者多样化的需求。在市场竞争日益激烈的今天，企业通过创新设计、独特的品牌文化和优质的客户服务，打造具有差异化的产品和服务，从而在市场中脱颖而出。倍增经济，借助技术创新和商业模式创新，实现了经济增长的指数级提升。

新业态的蓬勃发展，是新质生产力的具体实践和生动体现。改造提升传统产业，是推动经济转型升级的重要任务。通过引入新技术、新工艺、新模式，传统产业能够实现产品升级、流程优化和服务创新，提高市场竞争力。

发展壮大新兴产业，是培育经济增长新动能的关键举措。战略性新兴产业，如新一代信息技术、高端装备制造、新能源、新材料等，具有科技含量高、市场潜力大、带动作用强的特点。这些产业的发展，不仅能够创造新的经济增长点，还能够推动相关产业的协同发展形成完整的产业链条。积极培育未来产业，是抢占科技制高点和产业发展先机的重要战略。未来产业代表着科技发展的前沿方向和未来经济的发展趋势，虽然目前可能还处于萌芽阶段，但具有巨大的发展潜力。加强对未来产业的前瞻性布局和培育，能够为经济的长远发展奠定坚实的基础。

站在新的历史起点上，新质生产力的发展前景无限广阔。我们相信，在新质生产力的引领下，经济社会将实现更加高效、更加绿色、更加可持续的发展，人类文明也将迈向新的辉煌。让我们以这本书为契机，深入研究和探索新质生产力的发展规律，积极推动新质生产力的实践应用，共同开创更加美好的未来。

美国国家人工智能科学院通讯院士，世界人工意识协会理事长

段玉聪

前 言

在全球科技革命和产业变革的浪潮中，中国正站在一个新的历史起点。从 ChatGPT 和 DeepSeek 掀起的全球 AI 大模型浪潮，到英伟达市值的飙升，世界似乎正迎来一个充满机遇的新时代。然而，中国将如何在这场变革中定位自己，实现自身的伟大复兴呢？答案，就隐藏在“新质生产力”这一概念之中。

新质生产力，不仅仅是一个口号，更是一场关乎国运的深刻变革。它是中国在新时代背景下，面对全球新一轮科技革命和产业变革的挑战所做出的战略选择。从国家领导人的多次强调，到中央经济工作会议的明确部署，新质生产力已经成为中国推动高质量发展的内在要求和重要着力点。

新质生产力，绝非一个简单的经济学术语，它是对当下经济发展全新态势的高度凝练与深刻洞察，是一种创新主导，摆脱传统束缚，具有高科技、高效能、高质量特征，且与新发展理念高度契合的先进生产力质态。

回首过去，传统经济增长方式在长期的发展进程中，逐渐显露出其固有的弊端。依赖大量资源投入、高能耗、高污染的发展模式，虽然在一定时期内推动了经济的快速增长，但也带来了资源的过度消耗、环境的严重破坏以及经济发展的不可持续等问题。这种传统的生产力发展路径，在资源日益稀缺、环境承载压力不断增大的今天，已经难以为继。

新质生产力的出现，恰似一道划破夜空的曙光，为经济发展带来了新的希望与方向。它以技术革命性突破为先导，从人工智能的飞速发展，到大数据、云计算的广泛应用，再到生物技术、新能源技术的不断创新，这些前沿科技的重大突破，彻底改写了传统的生产方式和经济运行模式。例如，在制造业领域，人工智能与工业互联网的深度融合，实现了生产过程的智能化、自动化，大幅提高了生产效率和产品质量，同时降低了生产成本和资源消耗。曾经需要大量人工操作、效率低下的生产线，如今在智能机器人和自动化设备的协同运作下，能够24小时不间断地高效生产，而且产品的不良品率大幅降低。

生产要素创新性配置是新质生产力的关键支撑。在传统生产力模式下，生产要素的配置往往较为单一和固化，而新质生产力强调要素的多元组合和灵活调配。劳动资料不断升级，从传统的机械设备向智能化、数字化设备转变；劳动对象也不断拓展，数据等新型生产要素成为推动经济发展的重要力量。以数据为例，在数字经济时代，数据就像石油一样，成了一种极具价值的生产要素。通过对海量数据的收集、分析和挖掘，企业能够精准把握市场需求，优化生产流程，创新商业模式，从而在激烈的市场竞争中脱颖而出。

产业深度转型升级则是新质生产力的重要体现。传统产业通过与新兴技术的深度融合，实现了脱胎换骨的变化。传统农业向智慧农业转型，利用物联网、传感器等技术，实现了精准种植、智能灌溉，提高了农业生产的效率和质量；传统制造业向智能制造迈进，通过引入工业互联网、机器人等技术，实现了生产过程的柔性化、智能化，提升了制造业的竞争力。曾经依赖人工经验和粗放式管理的传统产业，如今在新兴技术的赋能下，焕发出新的生机与活力，成为推动经济高质量发展的重要力量。

新质生产力以全要素生产率大幅提升为核心标志，其本质是先进生产力。它的出现，不仅为经济的可持续发展注入了强大动力，也为社会的进步带来了新的机遇和挑战。在新质生产力的推动下，经济发展更加注重质量和效益，社会资源得到更加合理的配置，人们的生活方式和消费观念也发生了深刻的变化。

新质生产力的发展，是全球科技创新周期的必然结果。经济学家康德拉季耶夫提出的“康波周期”理论，为我们揭示了经济波动与科技创新之间的内在联系。每一轮科技创新的周期为 50 ~ 60 年，而当前我们正处于一个新的转折点上。通过引爆人工智能、量子技术、航空航天、可控核聚变等新兴产业和未来产业，引发新一轮的科技创新，推动生产力大幅度提高，解决一些经济发展问题。

从国内角度来看，每 30 ~ 40 年会有一个经济发展的拐点。中华人民共和国成立后，用 30 年完成了重工业化的建设；改革开放时期，用 30 年发展市场经济，实现了经济起飞，但在一些关键核心技术领域仍受制于人；第三个拐点是 2008 年全球金融危机后到当下，我国经济从高速增长进入更加注重质量和效益的高质量增长阶段。与此同时，我国正处在一个大的转折点，要从过去的要素驱动、投资驱动转向创新驱动，从人口红利转向技术红利，从模式创新到科技创新转型。以创新驱动发展的经济模式也指向了新质生产力。

新质生产力是一个新起点，代表未来的新趋势，会形成新经济，塑造新业态。其中，新起点、新趋势证明了新质生产力是大势所趋，新经济、新业态证明了新质生产力是发展所需。据此，本书从新起点、新趋势、新经济、新业态四个方面来全面剖析新质生产力，实现点的层面要素形态、线的层面产业形态、面的层面经济形态的有机统一。需要说明的是，随着原创性和颠覆性技术的持续更新迭代，新质生产力的要素形态、产业形态、经济形态将会持续发生变化，新质生产力必将持续涌现。

新质生产力的发展，对于中国来说，是一个重大的历史性机遇。美国前国务卿基辛格曾说，全球每一百年有一个大国崛起。美国从第二次世界大战之后成为全球领头羊到现在，至今已近 80 年，但是，美国目前对于国际秩序的维护和掌握程度不复从前。未来 30 年，被视作中国实现伟大复兴的历史性机遇期。在这一进程中，新质生产力将发挥关键作用，成为中国提升综合国力的重要推动因素。

CONTENTS

目　录

第一篇
新起点

PART 1

新质生产力是当代先进生产力发展的最新形态，代表着生产力演进的前沿方向。新型生产力的形成源于技术领域的革命性突破、生产要素的创新性配置以及产业的深度转型升级，其本质是生产力质态从旧有水平向全新高度的飞跃式提升。

新质生产力的核心驱动力在于技术突破，特别是具有颠覆性的原始创新。这种创新不同于传统的模仿式创新或渐进式创新，而是以人工智能、算力算法、数据要素、绿色能源等为代表的新型创新引擎所驱动的根本性变革。这种变革呈现出三个显著特征：首先是性质的变化，即生产力基本属性的转变；其次是本质的变化，体现为生产力内在结构的重组；最后是品质的提升，表现为生产力整体效能的飞跃。

新质生产力的发展正在推动传统经济增长方式的根本转变。在数字经济时代，传统生产力正在向数智生产力和绿色生产力转型升级。数智生产力以数据为核心生产要素，通过数字化、智能化技术提升生产效率；绿色生产力则强调可持续发展，通过清洁能源和环保技术的应用实现经济增长与生态保护的协调统一。

第一章
摆脱传统经济增长方式

在经济发展的长河中，我们站在了一个关键的转折点上。过去，传统经济增长方式曾引领我们走过一段快速发展的道路，但如今，它的弊端日益凸显，成为我们继续前行的阻碍。而数字经济就像一颗闪耀的新星，为我们指明了摆脱困境、迈向高质量发展的方向。特别是对于工业这个耗电耗能大户来说，实现从传统模式向数字经济模式的转变，更是刻不容缓。

新质生产力是创新起主导作用，摆脱传统经济增长方式和生产力发展路径，具有高科技、高效能、高质量的特征，符合新发展理念的先进生产力质态。（图 1–1）

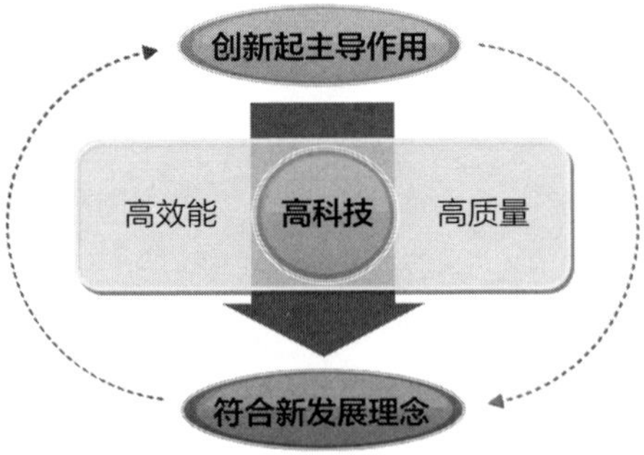

图 1–1　新质生产力的定义

一、传统经济增长方式的困境与反思

传统经济增长方式，在过去相当长的一段时间里，确实推动了经济的快速增长。这种增长方式，简单来说，就是依靠大量投入资源，如人力、物力、财力等，通过扩大生产规模来实现经济总量的增加。在这个过程中，工业作为经济发展的重要支柱，扮演着至关重要的角色。然而，随着时间的推移，这种增长方式的弊端逐渐暴露无遗。

以工业为例，工业产值的增长往往直接依赖于电量的消耗，二者几乎成正比关系。在传统的发展模式下，为了追求更高的工业产值，企业大量投入能源，却忽视了对环境的影响。许多工厂烟囱林立，浓烟滚滚，污水未经有效处理就直接排放到河流中，导致生态环境遭到严重破坏。同时，这种粗放式的发展方式还造成了资源的极大浪费。大量的矿产资源被过度开采，一些不可再生资源面临枯竭的危险。这种以牺牲资源与环境为代价换来的经济增长，虽然在短期内带来了可观的经济效益，但从长远来看，却给我们的生存和发展带来了巨大的隐患。

回顾历史，我们不难发现，这种传统经济增长方式在一定程度上是特定历史时期的产物。在经济发展的初期，由于技术水平有限，市场需求又十分旺盛，通过大规模投入资源来扩大生产规模，确实是实现经济快速增长的有效途径。然而，随着经济的发展和社会的进步，这种方式已经无法适应新的时代需求。我们必须清醒地认识到，传统经济增长方式已经走到了尽头，我们需要寻找新的发展道路，图 1–2 呈现了摆脱传统方式所面临的三大压力。

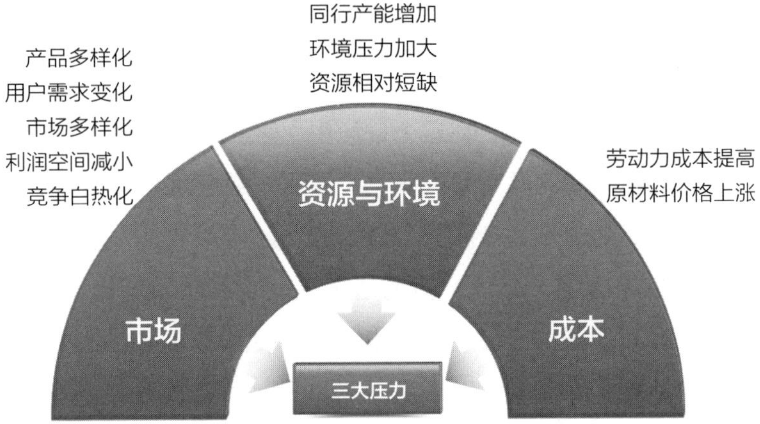

图 1–2　摆脱传统经济增长方式的三大压力

二、数字经济增长方式的应用而生

在这样的背景下，数字经济应运而生，成为推动经济高质量发展的新引擎。发展数字经济，要协同推进数字产业化和产业数字化，图 1–3 给出了数字产业化和产业数字化涉及的产业和领域。算力，作为数字经济的核心驱动力，正发挥着越来越重要的作用。

算力，简单来说，就是对数据的处理能力。在当今这个数字化的时代，数据已经成为一种重要的生产要素，就像土地、劳动力和资本一样。而算力，则是将这些数据转化为有价

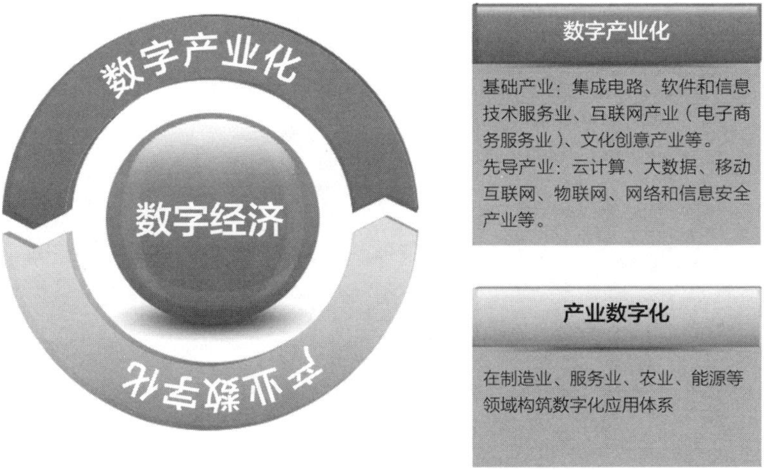

图 1-3　数字经济成为大势所趋

值信息的关键。通过强大的算力，我们可以对海量的数据进行快速分析、处理和挖掘，从而为企业的决策提供有力支持。

例如，在工业领域，算力的应用更是为企业带来了巨大的变革。通过引入数字化技术和算力支持，企业可以实现生产过程的智能化和自动化（图 1-4）。利用大数据分析技术，企业可以对生产线上的各种数据进行实时监测和分析，及时发现潜在的问题，并采取相应的措施进行解决。这样不仅可以提高生产效率，降低生产成本，还可以提高产品质量，增强企业的市场竞争力。

除了在生产过程中的应用，算力还为工业企业的创新发展提供了强大的支持。通过对市场数据和用户需求的深入分析，企业可以更好地了解市场趋势和用户需求，从而开发出更符合市场需求的新产品和新服务。同时，算力还可以促进企业

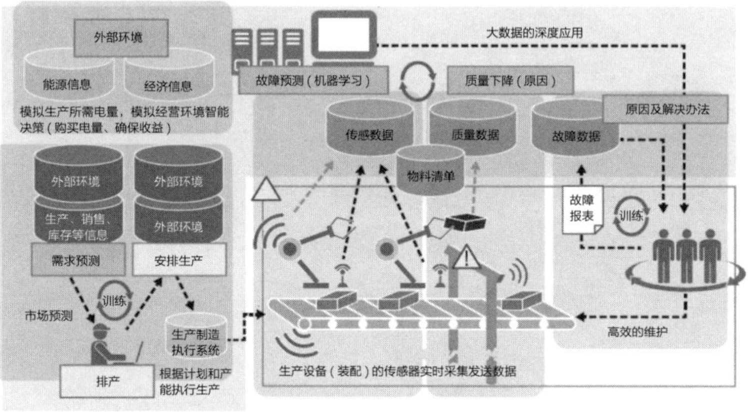

图 1-4　工业数字化

之间的协同创新，打破企业之间的信息壁垒，实现资源共享和优势互补。

数字经济时代的到来，不仅带来了新的技术和生产方式，还引发了一系列深刻的变革。这些变革主要体现在以下几个方面。

（一）从“数量追赶”转向“质量追赶”

传统经济增长方式下，企业往往追求的是产品数量的增加和市场份额的扩大。为了达到这一目标，企业不惜大量投入资源，甚至牺牲产品质量。然而，在数字经济时代，这种发展模式已经不再适用。随着消费者需求的不断升级，市场对产品质量的要求越来越高。企业只有通过提高产品质量，满足消费者的个性化需求，才能在激烈的市场竞争中立于不败之地。因此，数字经济时代的企业更加注重产品的品质和创新，从“数量追赶”转向“质量追赶”。

（二）从“规模扩张”转向“结构升级”

传统经济增长方式下，企业往往通过扩大生产规模来实现经济增长。然而，这种发展方式往往会导致企业结构不合理，资源配置效率低下。在数字经济时代，企业更加注重结构升级和资源优化配置。通过引入数字化技术和先进的管理理念，企业可以对自身的业务结构进行优化调整，提高资源利用效率。例如，一些企业通过发展智能制造，实现了生产过程的自动化和智能化，不仅提高了生产效率，还降低了生产成本。同时，企业还可以通过拓展新的业务领域，实现多元化发展，降低经营风险（图 1–5）。

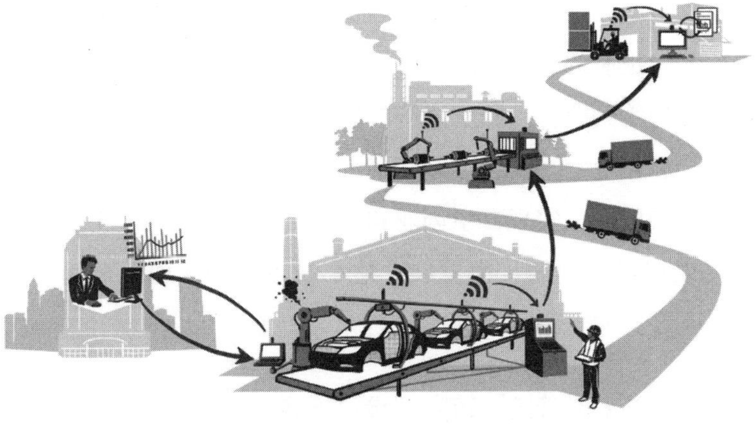

图 1–5　智能制造

（三）从“要素驱动”转向“创新驱动”

传统经济增长方式主要依赖于劳动力、资本、土地等传统生产要素的投入。然而，随着这些要素成本的不断上升，传统经济增长方式的边际效益逐渐递减。在数字经济时代，创新成为推动经济增长的核心动力。通过不断创新，企业可以开发出新技术、新产品和新服务，提高生产效率和产品附加值。同时，创新还可以促进产业升级和结构调整，推动经济的可持续发展。在数字经济时代，企业更加注重创新能力的培养和提升，加大对研发的投入，积极引进和培养创新人才，为企业的创新发展提供有力支持。

（四）从“分配失衡”转向“共同富裕”

传统经济增长方式在一定程度上导致了分配失衡的问题。随着经济的发展，贫富差距不断扩大，这不仅影响了社会的公平正义，也制约了经济的可持续发展。在数字经济时代，这种情况有望得到改善。数字经济的发展，为人们提供了更多的就业机会和创业空间。通过互联网平台，人们可以更加便捷地获取信息和资源，实现自主创业和就业。同时，数字经济的发展还可以促进产业的均衡发展，缩小城乡之间、地区之间的差距，实现共同富裕的目标。

（五）从“高碳增长”转向“绿色发展”

传统经济增长方式往往伴随着高能耗和高排放，对环境造成了严重的破坏。在数字经济时代，绿色发展成为经济发展的必然趋势。通过引入数字化技术和清洁能源，企业可以实现生产过程的节能减排和绿色发展（图 1-6）。例如，一些企业利用大数据分析技术，对能源消耗进行实时监测和优化管理，降低了能源消耗和碳排放。同时，数字经济的发展还可以促进新能源产业的发展，推动能源结构的调整和优化，实现经济发展与环境保护的良性互动。

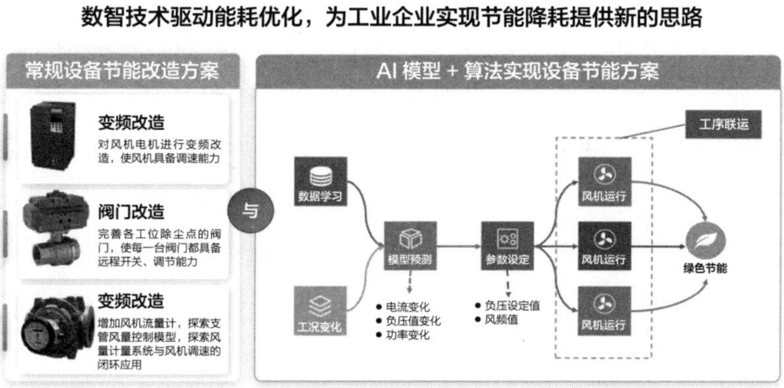

图 1-6　工业节能减排与绿色制造（资料来源：朗坤智慧公司）

第二章
摆脱传统生产力发展路径

在时代发展的宏大叙事中，生产力的变革始终是推动历史巨轮滚滚向前的核心动力。从古老的人力、畜力，到第一次工业革命的蒸汽动力，再到第二次工业革命的电力，每一次动力源的更迭，都带来了生产方式的巨大飞跃，重塑着人类社会的经济、文化与生活形态。而如今，我们正站在又一个关键的历史节点上，见证着从电力到算力的深刻转变，这一变革承载着摆脱传统生产力发展路径、实现新旧动能转换的时代使命，是大势所趋，更是发展所需（图 2-1）。

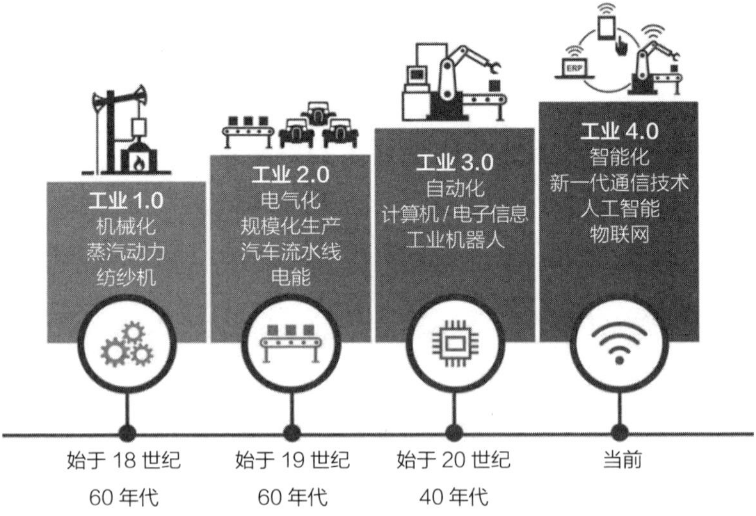

图 2-1　工业革命的发展历程

在过往的工业时代，电力作为主要的动力支撑，点亮了工厂的灯火，驱动着机器的运转，让大规模生产成为可能。工厂里，电力带动着庞大的生产线，源源不断地制造出各类产品，满足着日益增长的市场需求。这种基于电力的生产模式，构建起了传统工业经济的大厦，推动了城市化进程，塑造了现代社会的基本面貌。然而，随着时间的推移，传统生产力发展路径的局限性逐渐显现。高能耗、高污染、高资源依赖度，以及生产效率提升遭遇瓶颈等问题，成为制约经济可持续发展的沉重枷锁（图 2–2）。

图 2–2　传统生产力发展路径（图片来源：工控网）

此时，算力如同一束全新的曙光，照亮了未来发展的方向。算力，这一基于数字化技术的数据处理和运算能力，正悄然改变着世界的运行规则。它不仅仅是几台服务器的运算速度，更是一种能够重塑产业生态、创新商业模式、变革社会运行方式的强大力量，为我们打破传统生产力发展的困局，实现新旧动能转换提供了可能（图 2–3）。

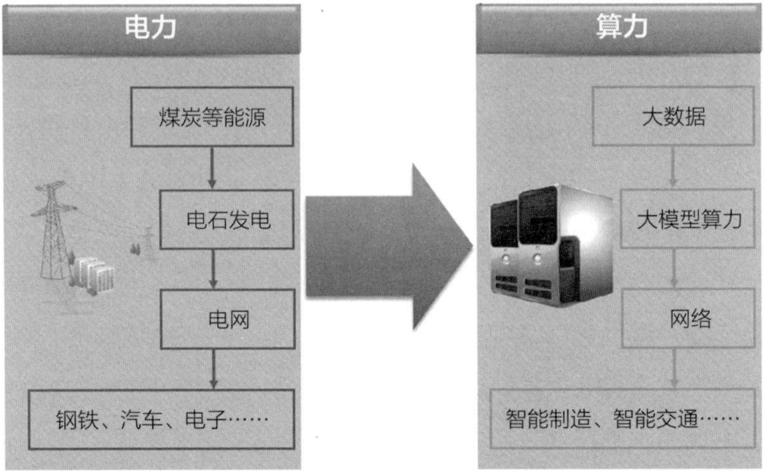

图 2-3　新旧动能转换

而承载着算力发展的，正是新型基础设施。它犹如一座连接过去与未来的桥梁，具有一系列令人瞩目的“新”特征。它实现了虚拟空间连接，打破了现实世界的物理边界，让信息在虚拟的数字世界中自由穿梭。无论是相距千里之外的跨国企业协同办公，还是全球各地的科研人员共同攻克一个科学难题，都不再受到物理距离的限制。无形连接，让那些看不见摸不着的数据和信息，成了连接人与人、人与物、物与物的纽带。通过这些无形的连接，整个世界被编织成了一张紧密的大网。无线连接赋予了新型基础设施强大的扩展性，它能够容纳越来越多的设备、数据和应用，仿佛拥有着无尽的潜力。近乎零时延、零距离、零成本连接一切的特性，更是让信息的传递变得即时、高效且低成本，大大提升了社会运行的效率。

新型基础设施所蕴含的这些“新”特征，又进一步体现出了“质”的内涵。它不再是对传统基础设施的简单修补和改良，而是一场彻头彻尾的革命，带来了生产力质的飞跃。这种质的提升，不仅仅体现在技术层面，更深入经济、社会的各个角落，引领着我们走向一个全新的发展阶段。

具体而言，新型基础设施建设主要包含以下三个重要组成部分（图 2–4）。

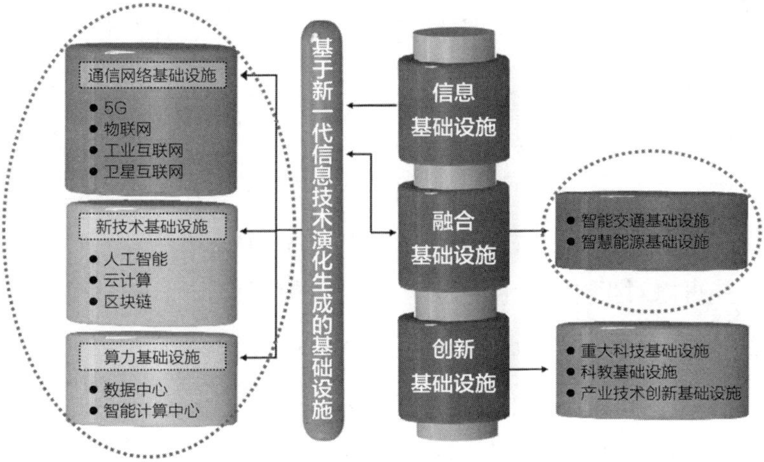

图 2–4　新型基础设施建设

一、信息基础设施：数字时代的基石

信息基础设施，是基于新一代信息技术演化生成的基础设施，堪称数字时代的基石。它涵盖了 5G、物联网、数据中心、人工智能、卫星通信、区块链等一系列前沿领域。5G网络的飞速发展，让我们进入了高速、低延迟的通信时代。例如，在医疗领域，远程手术因为5G的低延迟特性成为可能，医生可以通过精准的操作，为千里之外的患者进行手术，大大提高了优质医疗资源的普及性。物联网则将世界上的万事万物连接在一起，让设备之间能够相互通信、协同工作。例如，智能家居系统通过物联网，实现了家电的远程控制、智能调节，为人们带来了更加便捷、舒适的生活体验。

数据中心，如同数字世界的“超级大脑”，存储和处理着海量的数据。随着大数据时代的到来，数据的价值日益凸显，数据中心的重要性也与日俱增。人工智能技术更是赋予了机器“智慧”，使其能够通过对大量数据的学习和分析，实现图像识别、语音交互、智能决策等复杂功能。在工业生产中，人工智能可以对生产线上的数据进行实时监测和分析，提前预测设备故障，优化生产流程，提高生产效率和产品质量。卫星通信打破了地面通信的局限性，让信息能够覆盖地球上的每一个角落，无论是偏远的山区，还是浩瀚的海洋，都能实现信息的畅通无阻。区块链技术则以其去中心化、不可篡改的特性，为金融、供应链等领域带来了全新的信任机制，降低了交易成本，提高了交易的安全性和透明度。

随着信息基础设施应用规模的不断扩大，专业分工也变得更加精细。这促使其向产业化方向发展，逐渐形成了5G、物联网、数据中心等信息技术设施产业。这些产业不仅拓展了产业规模，还延伸了产业边界，围绕信息基础设施构建起了一个庞大而复杂的新产业体系和产业生态。信息基础设施就像一个强大的技术底座，支撑着整个数字经济的发展，为其他产业的数字化转型提供了源源不断的动力。

二、融合基础设施：传统与创新的交响曲

信息基础设施与传统基础设施并非相互排斥、相互替代，而是相互补充、相互支持，共同奏响了融合发展的交响曲。融合基础设施，正是这一和谐乐章的产物。它通过应用新一代信息技术对传统基础设施进行智能化改造，形成了包括新型生产性设施和新型社会性设施在内的融合基础设施。

在生产领域，“互联网 ×”“物联网 ×”“大数据 ×”“区块链 ×”“人工智能 ×”等技术，如同神奇的魔法棒，渗透到传统基础设施产业链的各个环节。在港口，通过物联网技术，货物的装卸、运输和存储实现了智能化管理，大大提高了港口的运营效率。在工厂，人工智能和大数据技术的应用，实现了生产过程的自动化、智能化控制，降低了生产成本，提高了产品质量。这些新技术的乘数效应，无限放大、协同、深化了传统基础设施的功能，让传统产业焕发出新的生机与活力。

在社会领域，信息技术同样发挥着重要作用。“互联网 + 医疗”让患者可以通过网络平台预约挂号、远程问诊，减少了排队等待的时间，提高了医疗服务的效率。“互联网 + 教育”打破了教育资源的地域限制，让优质的教育资源能够惠及更多的人。通过这些融合创新，信息技术实现了“下乡村”“入港

口”“进工厂”“助医疗”，提高了农业生产管理、港口货物装卸调度、工厂流水线作业以及医疗诊断流程等环节和场景的效率，实现了传统基础设施产业链整体的价值跃迁。

三、创新基础设施：驱动变革的核心引擎

创新基础设施，是支撑科学研究、技术开发、新产品和新服务研制的具有公益属性的基础设施，它是驱动整个创新链的核心引擎。创新基础设施通过原始创新和颠覆性创新，突破关键核心技术，充分发挥重大科学装置、超级科学工程、稀缺验证平台的关键性作用。

在科研领域，大型粒子对撞机等重大科学装置，帮助科学家探索微观世界的奥秘，揭示宇宙的基本规律。这些装置的运行需要大量的计算资源和先进的技术支持，而创新基础设施则为其提供了坚实的保障。在技术开发方面，创新基础设施能够汇聚各方资源，促进产学研合作，加速科技成果的转化和应用。例如，一些科技创新园区，为初创企业提供了研发场地、设备设施、技术支持等一系列服务，帮助它们快速成长。

创新基础设施还是信息基础设施和融合基础设施整个创新链的前端，是驱动它们质量变革和效率变革的根本。只有不断在创新基础设施上加大投入，鼓励创新，才能推动信息技术的持续进步，为融合基础设施的发展提供更多的可能性，从而实现整个经济社会的高质量发展。

值得一提的是，以信息基础设施为核心的新基建产业还

具有“高含绿量”的特征。根据国家能源局相关统计数据显示,“十四五”期间，单位电信业务量和单位信息流量综合能耗逐年下降，年均降幅超过 20%，5G 基站单站能耗已比商用初期降低超过 20%，全国规划在建的大型及以上数据中心平均设计综合能耗累计下降 38.41%。这表明，新基建产业在推动经济发展的同时，还注重环境保护和资源节约，实现了经济发展与生态保护的良性互动。

从电力到算力，从传统基础设施到新型基础设施，这一变革的浪潮正席卷而来。它带来的不仅是技术的革新，更是生产方式、生活方式和社会治理方式的深刻变革。我们正站在一个历史的十字路口，机遇与挑战并存。只有积极拥抱这一变革，充分发挥新型基础设施的优势，推动新基建产业的发展，才能在这场新旧动能转换的伟大征程中抢占先机，实现经济社会的高质量发展，创造更加美好的未来。

第三章
技术革命性突破

在当今时代，全球正经历着一场前所未有的科技革命浪潮，这场革命不仅重塑着科学研究的基本范式，更为传统产业的转型升级注入了强大的技术动能。随着各学科领域之间的界限日益模糊，跨学科融合已成为推动科技创新的重要引擎，这种深度融合正在催生出一系列突破性的技术成果。

在这场变革中，人工智能、大数据、物联网等新兴技术的快速发展，正在以前所未有的速度与传统产业发生化学反应。制造业通过引入智能化生产线，实现了生产效率和产品质量的双重提升；农业领域借助精准农业技术，显著提高了资源利用效率；服务业则通过数字化转型，开创了全新的商业模式和用户体验。这些变革不仅体现在技术层面，更深刻地改变着产业的组织形态和运行方式。

特别值得关注的是，科技创新与经济社会发展的深度融合正在加速。一方面，市场需求引导着科技创新的方向；另一方面，科技创新又不断创造新的市场需求，这种良性循环推动着新质生产力的快速形成。在这个过程中，传统产业通过吸收新技术、新理念，正在实现从量变到质变的跨越式发展。

展望未来，随着5G、量子计算等前沿技术的进一步成熟，传统产业的转型升级将获得更强大的技术支撑。这不仅将带来生产效率的显著提升，更将重塑全球产业链和价值链，为经济发展注入新的活力。在这一过程中，把握技术革命带来的机遇，主动拥抱变革，将成为传统产业实现可持续发展的关键。

第一节 数智破局：传统产业的新生之路

在人类历史的长河中，科技变革总是如同一座座灯塔，照亮人们前行的道路，引领着社会经济的巨大飞跃。从古老的农耕文明到工业革命的机械轰鸣，再到如今信息时代的数字浪潮，每一次重大的科技进步，都深刻地改变着我们的生活方式、生产模式以及整个社会的运行规则。而当下，我们正身处一场前所未有的数智化革命之中，它正以雷霆万钧之势，重塑着传统产业的格局，为经济发展注入全新的活力。

一、数智化浪潮：席卷传统产业的风暴

在过去的几十年里，数字技术和人工智能技术如同两颗璀璨的新星，在科技的天空中冉冉升起，并迅速汇聚成一股强大的力量，掀起了数智化革命的浪潮。它如同一股不可阻挡的洪流，席卷了各个传统产业，从制造业到服务业，从农业到交通运输业，无处不在。

在传统制造业领域，数智化革命带来的变革堪称翻天覆地。曾经，工厂里的生产线主要依靠人工操作，工人在嘈杂的

环境中，重复着单调而繁重的劳动，生产效率低下，产品质量也难以保证。而如今，随着数智化技术的引入，一切都发生了巨大的改变。自动化设备和智能机器人成了生产线上的主力军，它们精准高效，能够24小时不间断地工作。通过传感器和控制系统，这些设备能够实时获取生产过程中的各种数据，如温度、压力、速度等，并根据预设的程序和算法，自动调整生产参数，确保产品质量的稳定性。

不仅如此，人工智能技术还被广泛应用于生产过程的优化和管理环节。通过对大量生产数据的挖掘和分析，人工智能系统能够发现生产流程中存在的问题和瓶颈，并提出具有针对性的解决方案。例如，在汽车制造企业中，人工智能可以根据市场需求预测、原材料供应情况以及生产设备的运行状态，合理安排生产计划，优化生产流程，提高生产效率，降低生产成本。

在供应链和物流领域，数智化革命同样带来了深刻的变革。传统的供应链管理往往依赖于人工经验和纸质文件，信息传递不及时，物流效率低下，库存积压严重。而如今，借助物联网、大数据和人工智能技术，供应链实现了数字化和智能化管理。通过在货物、运输车辆和仓库设施上安装传感器，企业可以实时跟踪货物的位置、状态和运输情况，实现对供应链的全程可视化监控。同时，人工智能算法可以根据历史数据和实时信息，预测市场需求，优化库存管理，合理安排运输路线，提高物流效率，降低物流成本。

除了制造业和供应链物流领域，数智化革命还在金融、医疗、教育等服务业以及农业等传统产业中发挥着重要作用。

在金融领域，人工智能技术被广泛应用于风险评估、信贷审批、投资决策等方面，提高了金融服务的效率和准确性，降低了金融风险。在医疗领域，通过大数据分析和人工智能诊断技术，医生可以更准确地诊断疾病，制订个性化的治疗方案，提高医疗服务的质量和效果。在教育领域，在线教育平台和智能教学工具的出现，打破了时间和空间的限制，让优质的教育资源能够惠及更多的人。在农业领域，智能化的农业设备和精准农业技术的应用，实现了对农作物生长环境的实时监测和精准调控，提高了农业生产的效率和质量（图 3–1）。

图 3–1　智能农业

二、人工智能：传统产业的“智慧大脑”

在数智化革命的进程中，人工智能无疑是最为耀眼的明星。它就像一个强大的“智慧大脑”，赋予了传统产业生产线、供应链、物流等领域以智慧和生命力（图 3–2）。

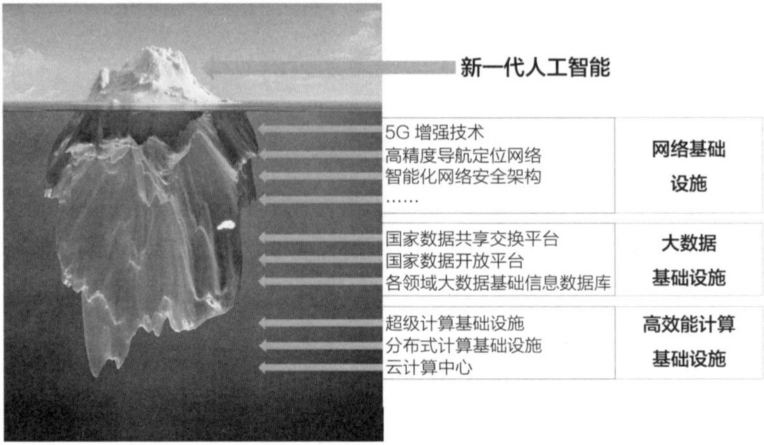

图 3-2　新一代人工智能走进现实

在生产线上，人工智能通过读取传感器数据，实现了对生产设备运行状态的实时监测和分析（图 3-3）。一旦发现设

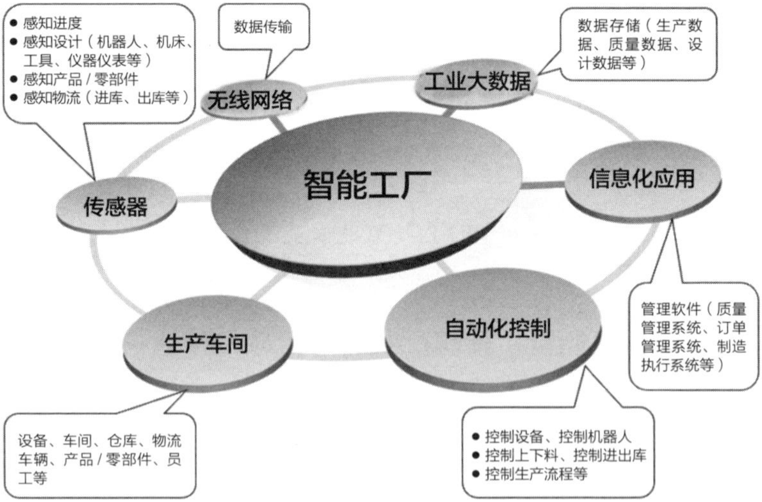

图 3-3　智能工厂

备出现异常，人工智能系统能够迅速做出判断，并及时发出预警信号，提醒维修人员进行维修。同时，人工智能还可以根据设备的运行数据和历史故障记录，预测设备可能出现的故障，提前采取措施进行预防，避免因设备故障而导致的生产中断。这种智能化的设备监测和故障预测功能，大大提高了生产线的稳定性和可靠性，降低了设备维护成本。

在供应链管理方面，人工智能同样发挥着重要作用。通过对市场需求数据、供应商信息、库存数据等多源数据的分析和整合，人工智能可以实现对供应链的优化管理。例如，人工智能可以根据市场需求的变化，自动调整采购计划，确保原材料的及时供应；可以根据供应商的交货记录和产品质量数据，评估供应商的信用风险，选择最优的供应商；可以根据库存水平和销售趋势，自动调整库存策略，实现库存的最优控制。这些智能化的供应链管理功能，提高了供应链的响应速度和灵活性，降低了供应链成本，增强了企业的市场竞争力。

在物流领域，人工智能的应用更是让物流效率得到了大幅提升。通过对物流数据的分析和挖掘，人工智能可以优化物流配送路线，合理安排车辆调度，提高车辆的装载率，降低物流运输成本。同时，人工智能还可以实现对货物的智能分拣和配送，提高物流配送的准确性和效率。例如，在一些大型物流仓库中，智能机器人可以根据订单信息，自动完成货物的分拣和搬运工作，大大提高了仓库的作业效率（图 3–4）。

人工智能在传统产业中的应用，不仅仅是对生产过程和管理流程的优化，更是推动了传统产业的“自我更新、自我完

图 3-4　智能机器人根据订单信息自动完成货物的分拣和搬运工作
（图片出处：界面新闻）

善、自我演进”。它让传统产业摆脱了过去依赖人力和经验的发展模式，走上了一条依靠数据和智能的创新发展之路。通过不断地学习和优化，人工智能系统能够不断适应市场变化和企业发展的需求，为传统产业的持续发展提供源源不断的动力。

三、传统产业转型升级的引擎

数智化革命催生了新质生产力，它以劳动者、劳动资料、劳动对象及其优化组合的跃升为基本内涵，为传统产业的转型升级提供了强大的技术革新动力。

在劳动者方面，数智化革命对劳动者的素质和技能提出了更高的要求。传统产业中的劳动者不再仅仅是简单的体力劳动者，而是需要具备一定的数字技能和人工智能知识，能够熟练操作智能化设备和系统。这促使劳动者不断学习和提升自己的技能水平，实现从传统劳动力向知识型、技能型劳动力的转变。同时，数智化革命也创造了大量新的就业岗位，如数据分析师、人工智能工程师、数字化运营专员等，为劳动者提供了更多的就业选择和发展空间。

在劳动资料方面，数智化革命带来了生产设备和工具的智能化升级。传统的机械设备逐渐被自动化、智能化的设备所取代，这些设备不仅具备更高的生产效率和精度，还能够实现自我诊断、自我修复和远程控制。例如，在智能工厂中，工业机器人可以根据生产任务的变化，自动调整工作模式和参数，实现生产过程的智能化控制（图 3–5）。同时，物联网技术的

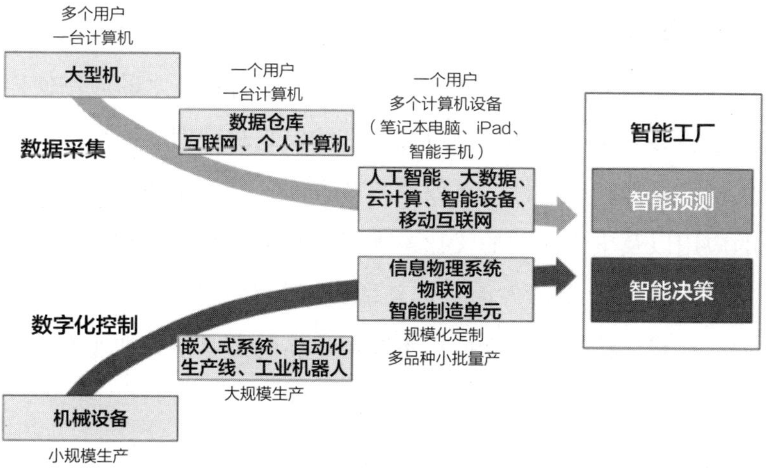

图 3–5　数字化转型和智能化升级

应用，让生产设备之间能够实现互联互通，形成一个有机的整体，提高了生产系统的协同效率。

在劳动对象方面，数智化革命改变了传统产业的生产方式和产品形态。通过数字化设计和智能制造技术，企业可以根据客户的个性化需求，快速定制并生产出符合客户要求的产品。这种个性化定制生产模式，不仅提高了客户满意度，还降低了企业的库存成本和市场风险。同时，数智化革命还催生了许多新的产品和服务，如智能家居、智能医疗设备、在线教育课程等，这些新产品和服务满足了人们日益增长的个性化、多样化需求，为传统产业的发展开辟了新的市场空间。

新质生产力的形成，使得传统产业能够摆脱传统经济增长方式和生产力发展路径的束缚，大幅提升全要素生产率。通过优化劳动者、劳动资料和劳动对象的组合，传统产业实现了生产效率的大幅提高、产品质量的显著提升以及生产成本的有效降低。同时，新质生产力还推动了传统产业的质量变革、效率变革和动力变革。在质量变革方面，数智化技术的应用使得企业能够对生产过程进行更加精准的控制和管理，提高产品的质量稳定性和可靠性。在效率变革方面，自动化和智能化设备的应用以及生产流程的优化，大大提高了生产效率和企业运营效率。在动力变革方面，创新驱动成为传统产业发展的新动力，数智化技术的创新应用不断催生新的商业模式和业态，为传统产业的发展注入了新的活力。

四、数智化时代的经济新形态

数智化革命不仅推动了传统产业的自动化和智能化发展，还催生了许多新业态、新模式，这些新业态、新模式成了数智化时代经济发展的新亮点。

例如，共享经济作为一种典型的新业态，在数智化技术的支持下得到了迅猛发展。通过互联网平台，共享经济实现了闲置资源的高效利用，如共享单车、共享汽车、共享办公空间等。这些共享模式不仅为消费者提供了更加便捷、经济的服务，还减少了资源浪费，促进了社会的可持续发展。同时，共享经济还创造了新的就业机会和商业模式，如共享单车的运维人员、共享办公空间的运营管理人员等，为经济发展注入了新的活力。

直播电商是数智化时代另一种新兴的商业模式。通过直播平台，商家可以直接与消费者进行互动，展示产品特点和使用方法，解答消费者的疑问，实现产品的快速销售。直播电商打破了传统电商的时空限制，提高了消费者的购物体验和购买转化率。同时，直播电商还带动了一批新兴职业的发展，如主播、直播运营、电商客服等，为就业市场提供了新的增长点。

工业互联网也是数智化革命催生的重要新业态。它通过将互联网、大数据、人工智能等技术与工业生产相结合，实现了工业生产的智能化、网络化和协同化。在工业互联网平台上，企业可以实现生产设备的远程监控和管理、生产过程的优化调度、供应链的协同运作等功能（图 3-6）。工业互联网的发展，

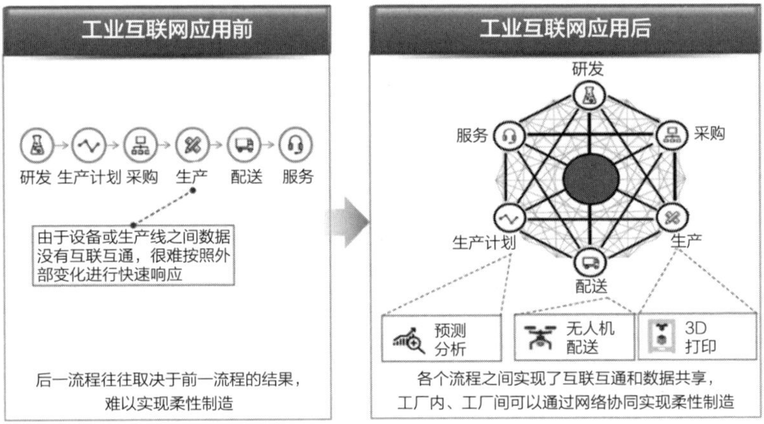

图 3-6　工业互联网

不仅提高了工业企业的生产效率和管理水平，还促进了产业上下游之间的协同创新和资源共享，推动了整个产业生态的优化升级。

这些新业态新模式的出现，充分展示了数智化革命的巨大能量和创新活力。它们以全新的商业模式和运营方式，满足了消费者日益多样化的需求，为经济发展开辟了新的道路。

五、数智化时代的无限可能

数智化革命的浪潮方兴未艾，它正在深刻地改变着我们的世界，为传统产业的发展带来了前所未有的机遇和挑战。站在时代的风口浪尖，我们可以清晰地看到，未来的经济发展将更加依赖于数智化技术的创新和应用。

在未来，传统产业将继续加速向数字化、智能化转型。随着人工智能、大数据、物联网等技术的不断发展和成熟，传统产业的生产效率将进一步提高，产品质量将更加稳定可靠，生产成本将进一步降低。同时，传统产业与新兴技术的融合将更加深入，催生更多新的业态和模式，为经济发展注入新的活力。

数智化革命还将深刻改变人们的生活方式和社会治理模式。在生活方面，智能家居、智能交通、智能医疗等将成为人们生活的常态，为人们带来更加便捷、舒适、健康的生活体验。在社会治理方面，数智化技术将为政府提供更加精准、高效的决策支持，提高社会治理的智能化水平，促进社会的和谐稳定发展。

数智化革命是一场波澜壮阔的历史变革，它将深刻地影响我们的现在和未来。作为这场变革的参与者和见证者，我们应该积极拥抱数智化时代的到来，充分发挥数智化技术的优势，推动传统产业的转型升级，创造更加美好的未来。

第二节
数智浪潮：解锁未来的密码

数智技术，这个融合了多种前沿科技的集合体，正以其独特而显著的特征，重塑着我们生活的方方面面，从经济运行到社会治理，从文化传播到科技创新，它的影响力无处不在。深入探究数智技术的显著特征，就如同打开一扇通往未来世界的大门，让我们得以窥见一个充满无限可能的全新天地。

一、高簇群性：技术共生的繁茂森林

数智技术的第一个显著特征是高簇群性。以人工智能、区块链、大数据、云计算、5G、AR / VR / MR①、量子技术、互联网、物联网、智联网、数联网、具身智能、元宇宙等为代表的数智技术，并非孤立存在，而是如同一片繁茂的森林，各种树木相互交织、共生共荣。

人工智能，作为这片森林中的参天巨木，它赋予机器以“智慧”，使其能够模拟人类的思维和行为，进行学习、推理和决策（图 3–7）。从图像识别到自然语言处理，从智能客服到自动驾驶，人工智能的应用领域不断拓展，正在深刻地改变着

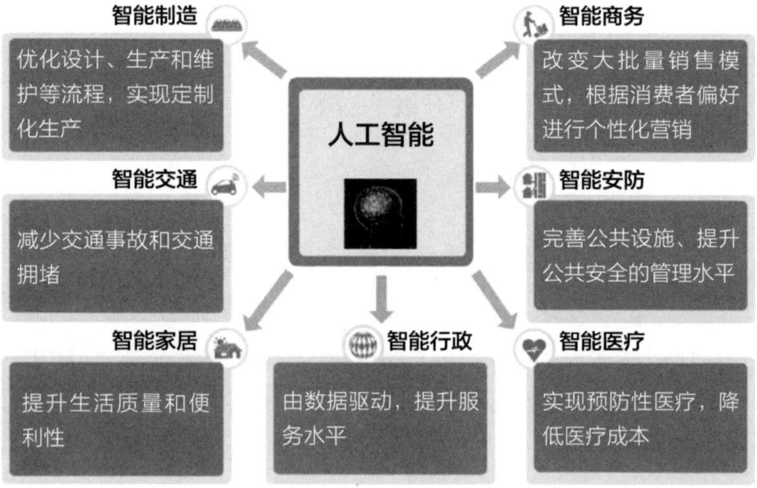

图 3–7　人工智能

① AR：增强现实。VR：虚拟现实。MR：混合现实。——编者注

我们的生活和工作方式。

而区块链技术，则像是森林中坚韧的藤蔓，以其去中心化、不可篡改的特性，为各个领域构建起信任的桥梁（图 3–8）。在金融领域，它实现了安全、高效的跨境支付和交易；在供应链管理中，它确保了信息的透明和可追溯，有效防止了假冒伪劣产品的流通。

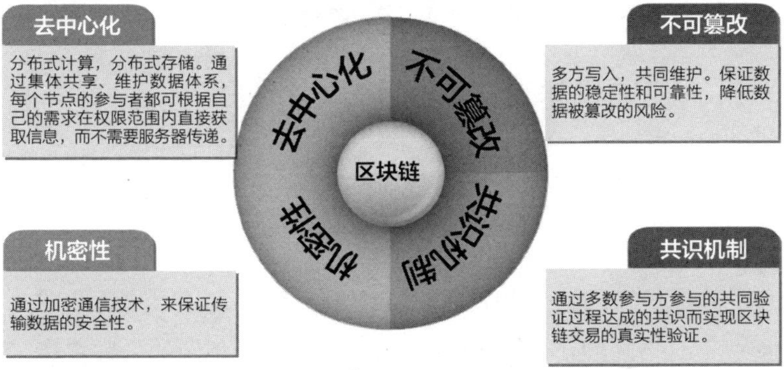

图 3–8　区块链

大数据宛如森林中的肥沃土壤，蕴含着无尽的宝藏。通过对海量数据的收集、存储、分析和挖掘，我们能够发现隐藏在其中的规律和价值，为企业的决策提供有力支持。云计算则如同森林上空的云朵，为数据的处理和存储提供了强大的计算资源和灵活的服务模式。企业无须再投入大量资金建设自己的数据中心，只需通过云计算平台，就可以根据实际需求灵活租用计算资源，大大降低了成本，提高了效率（图 3–9）。

5G 技术的出现，如同森林中呼啸而过的强风，极大地提

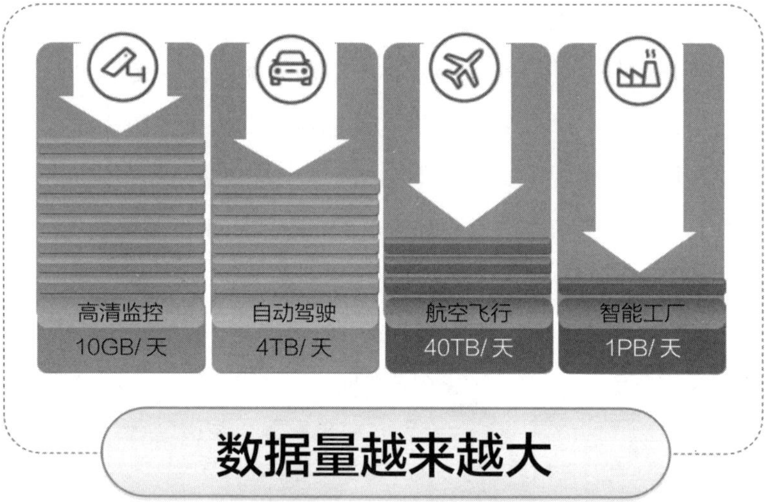

注：1GB=1024MB，1TB=1024GB，1PB=1024TB

图 3-9　大数据

升了数据传输的速度和稳定性（图 3-10）。它让万物互联成为现实，为物联网、智能交通、工业互联网等领域的发展提供了坚实的网络基础。AR / VR / MR 技术则像是森林中的奇幻精灵，为我们创造出虚拟与现实融合的奇妙体验。在教育领域，学生可以通过 AR / VR 技术身临其境地感受历史事件和自然奇观；在娱乐领域，玩家可以在沉浸式的游戏世界中，享受其中的乐趣。

量子技术、互联网、物联网、智联网、数联网、具身智能、元宇宙等技术，也都在这片森林中各自占据着独特的位置，它们相互关联、相互促进，共同构成了一个庞大而复杂的生态系统。每一项技术的突破都可能引发连锁反应，带动其他技术的发展和创新。例如，人工智能的发展离不开大数据的支持，而大数据的处理又依赖于云计算和高性能计算技术；5G

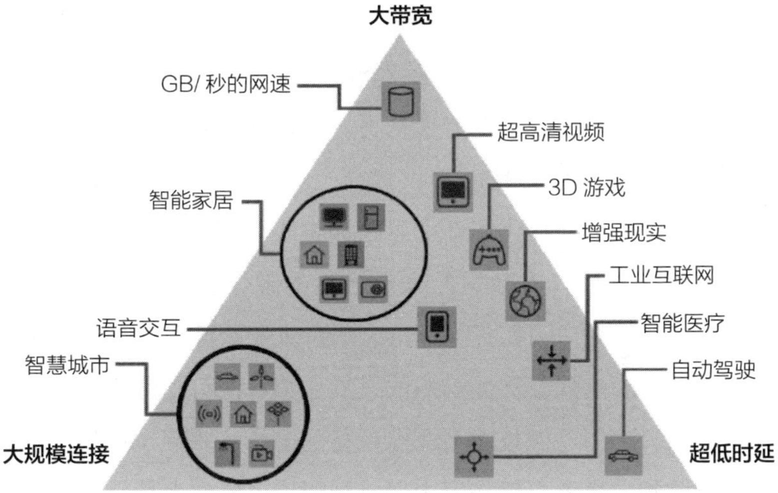

图 3-10　5G

技术的普及为物联网的发展提供了更广阔的空间，而物联网产生的海量数据又为人工智能的训练提供了丰富的素材。这种高簇群性的特征，使得数智技术能够形成强大的合力，推动科技的快速进步和社会的深刻变革。

二、高融合性：跨界融合的创新熔炉

数智技术的高融合性特征，使其成为一个跨界融合的创新熔炉。各种数智技术不断聚合、组合、整合、复合，产生出“你中有我，我中有你”的融合技术，为创新提供了源源不断的动力。

在金融科技领域，区块链与人工智能的融合，创造出了智能合约和风险评估的新方式。智能合约基于区块链的去中心化和不可篡改特性，确保了合约的执行不受人为干预，具有高度的安全性和可靠性。而人工智能技术则可以对金融数据进行实时分析和预测，帮助金融机构更好地评估风险，制定合理的投资策略。这种融合技术不仅提高了金融交易的效率和安全性，还为金融创新提供了新的思路和方法。

在医疗领域，大数据与人工智能的融合也展现出了巨大的潜力。通过对海量医疗数据的分析，人工智能可以帮助医生更准确地诊断疾病，预测疾病的发展趋势，制订个性化的治疗方案。同时，物联网技术与医疗设备的融合，实现了远程医疗和健康监测，患者可以在家中通过智能设备实时上传自己的健康数据，医生则可以根据这些数据及时调整治疗方案，为患者提供更加便捷、高效的医疗服务。

在制造业领域，云计算、大数据、物联网和人工智能的融合，推动了智能制造的发展。通过物联网技术，生产设备可以实时采集生产过程中的各种数据，并将这些数据上传到云计算平台进行分析和处理。人工智能则可以根据数据分析的结果，对生产过程进行优化和控制，实现生产的自动化、智能化和柔性化。这种融合技术不仅提高了生产效率和产品质量，还降低了生产成本，增强了企业的市场竞争力。

数智技术的高融合性，打破了传统技术之间的界限，促进了不同领域之间的交叉创新。它让我们能够从不同的角度思考问题，将不同的技术优势进行整合，创造出更加高效、智能、便捷的解决方案。这种融合创新的趋势，将在未来的科技发展和社会进步中发挥越来越重要的作用。

三、高迭代性：日新月异的科技竞速

数智技术的高迭代性，使其如同一场永不停歇的科技竞速，在摩尔定律的作用下，迭代周期短、速度快、成本低。

回顾计算机技术的发展历程，我们可以清晰地看到这种高迭代性的体现。从早期的电子管计算机到晶体管计算机，再到集成电路计算机和大规模集成电路计算机，计算机的性能不断提升，体积不断缩小，成本不断降低。如今，我们已经进入了人工智能和大数据时代，计算机的运算速度和存储能力更是实现了质的飞跃。在短短几十年的时间里，计算机技术的发展经历了多次重大变革，每一次变革都带来了计算能力的大幅提升和应用领域的拓展。

人工智能技术也是如此，从早期的简单机器学习算法到如今的深度学习、强化学习等先进技术，人工智能的发展速度令人惊叹。随着数据量的不断增加和计算能力的不断提升，人工智能的模型和算法也在不断优化和创新。例如，GPT 系列语言模型的不断升级，使其在自然语言处理领域的表现越来越出色，能够完成更加复杂的任务，如文本生成、对话交互、翻译等。

在通信技术领域，从 2G 到 3G、4G，再到如今的 5G，通信技术的迭代速度同样惊人。每一代通信技术的升级，都带来了数据传输速度的大幅提升、延迟的降低和应用场景的拓展。5G 技术的出现，更是开启了万物互联的新时代，为智能交通、工业互联网、虚拟现实等领域的发展提供了强大的支持。

数智技术的高迭代性，使得我们能够在短时间内享受到科技进步带来的巨大便利。它推动着各个领域的快速发展和创新，让我们的生活变得更加便捷、高效、丰富多彩。同时，这种高迭代性也对我们提出了更高的要求，我们需要不断学习和适应新的技术，才能跟上时代的步伐。

四、高应用性：无所不在的赋能力量

数智技术的高应用性，使其成为一种无所不在的赋能力量。它可以在经济、政治、文化、社会、生态等各个领域使用、复用、共用、通用，其应用范围越广，规模经济、范围经济、网络经济越强。

在经济领域，数智技术的应用推动了数字经济的快速发展。电子商务、共享经济、金融科技等新兴业态的出现，改变了传统的商业模式和经济运行方式。通过大数据分析和人工智能算法，企业可以更好地了解市场需求，优化产品设计和营销策略，提高生产效率和经济效益。同时，数智技术还促进了产业升级和转型，推动了传统产业向智能化、数字化方向发展。

在政务领域，数智技术为政府的决策和管理提供了有力支持。通过大数据分析，政府可以实时了解社会舆情和民众需求，制定更加科学合理的政策。同时，电子政务的发展，提高了政府的工作效率和服务质量，实现了政务信息的公开透明和在线办理。在应急管理方面，数智技术可以通过对自然灾害、公共卫生事件等数据的实时监测和分析实现提前预警，为政府的应急决策提供依据，提高应对突发事件的能力。

在文化领域，数智技术为文化的创作、传播和传承带来了新的机遇。数字艺术、虚拟现实展览等新兴文化业态的出现，丰富了人们的文化生活。通过互联网和社交媒体，文化作品可以更快速地传播到全球各地，促进了不同文化之间的交流和融合。同时，数智技术还可以用于文化遗产的保护和修复，通过数字化技术对文物进行扫描、建模和存储，实现文化遗产的永久保存和传承。

在社会领域，数智技术的应用改善了人们的生活质量。智能交通系统通过实时监测交通流量，优化交通信号控制，缓解了城市交通拥堵；智能家居设备让人们可以通过手机远程控制家电、照明等设备，提高了生活的便捷性和舒适性；在线教育平台打破了时间和空间的限制，让更多的人能够享受到优质的教育资源。

在生态领域，数智技术为环境保护和可持续发展提供了新的手段。通过大数据分析和人工智能算法，我们可以对环境数据进行实时监测和分析，提前预警环境污染和生态破坏事件。同时，数智技术还可以用于能源管理和节能减排，通过智能电网和能源管理系统，实现能源的优化配置和高效利用，降低能源消耗和碳排放。

数智技术的高应用性，使其成为推动社会发展和进步的重要力量。它为各个领域的创新和发展提供了广阔的空间，让我们能够更好地应对各种挑战，实现经济、社会和环境的可持续发展。

五、高系统性：万物互联的协同网络

数智技术的高系统性，使其能够连接一切，实现企业、产业、经济、乡村、社区、城市甚至全球的共同织网、协同发展。

在企业层面，数智技术通过企业资源计划（ERP）、客户关系管理（CRM）、供应链管理（SCM）等系统，实现了企业内部各个部门之间的信息共享和协同工作。同时，通过物联网和工业互联网技术，企业可以实现生产设备的互联互通和智能化管理，提高生产效率和产品质量。

在产业层面，数智技术促进了产业上下游之间的协同创新和资源共享。通过建立产业互联网平台，企业可以实现产业链的整合和优化，提高整体竞争力。

在经济层面，数智技术推动了数字经济的发展，促进了全球经济的互联互通。电子商务平台打破了地域限制，让企业可以在全球范围内开展业务；数字货币的出现，为跨境支付和金融交易提供了更加便捷、高效的方式。同时，数智技术还促进了新兴产业的发展，如人工智能、大数据、云计算等，为经济增长注入了新的动力。

在乡村和社区层面，数智技术为乡村振兴和社区治理提供了新的手段。通过互联网和电子商务平台，农产品可以更便捷地销售到城市，增加农民收入；智慧社区建设通过物联网和大数据技术，实现了社区的智能化管理，提高了居民的生活质量和安全感。

在城市层面，数智技术推动了智慧城市的建设。通过物联网、大数据、人工智能等技术，城市可以实现交通、能源、环境、医疗、教育等各个领域的智能化管理，提高城市的运行效率和服务质量。同时，智慧城市建设还促进了城市之间的协同发展，形成了区域一体化的发展格局。

在全球层面，数智技术让世界变得更加紧密相连。通过互联网和通信技术，信息可以在瞬间传遍全球，促进了国际间的交流与合作。同时，数智技术还为全球治理提供了新的工具和手段，如通过大数据分析和人工智能算法，我们可以更好地应对全球性挑战，如气候变化、公共卫生事件等。

数智技术的高系统性，使其成为构建未来社会的重要基石。它打破了传统的界限和壁垒，实现了万物互联和协同发展，让我们能够更加高效地利用资源，共同应对各种挑战，创造更加美好的未来。

第四章
生产要素创新性配置

新质生产力具有强大的发展动能，不仅能够创造新的经济增长点，还将引领社会生产方式的深刻变革。在新质生产力的推动下，传统的生产组织方式、要素配置模式和产业形态都将发生革命性变化，为经济社会发展注入新的活力，开创人类生产活动的新纪元（图 4–1）。

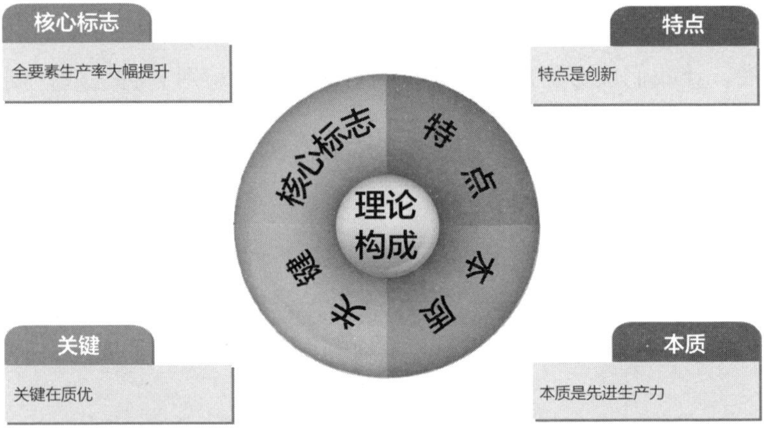

图 4–1　新质生产力的理论构成

第一节
解锁增长密码：全要素生产率的大幅提升之路

在经济发展的宏大版图中，全要素生产率宛如一把神秘的钥匙，悄然开启着通往繁荣与进步的大门。它看似抽象，却与我们的生活息息相关，深刻影响着国家的兴衰、企业的成败以及每个人的生活质量。现在，就让我们一同深入探寻全要素生产率的奥秘，揭开它背后的神秘面纱。

一、全要素生产率：经济效率的核心密码

全要素生产率（Total Factor Productivity，TFP）是衡量生产效率的关键指标，在经济领域占据着举足轻重的地位。它就像是一位严苛的“效率裁判”，不仅精准地衡量着生产单位在特定时间内的效率表现，更如同一面镜子，综合映射出一个国家或地区在经济发展道路上所展现出的能力与付出的努力程度。

从本质上来说，全要素生产率是产出与综合要素投入之比。简单理解，就是在投入了人力、物力、财力等各种生产要素后，最终收获了多少产出成果。这个比值越高，意味着生产效率越高，资源利用越充分。例如，两家生产同样产品的工厂，投入相同数量的工人、设备和原材料，但一家工厂能够生产出更多、质量更好的产品，那么这家工厂的全要素生产率就更高。

从宏观层面来看，提高全要素生产率的关键路径主要有两条：提升技术水平和优化资源配置。这两条路径就如同鸟之双翼、车之两轮，共同推动着经济效率的提升。早在 1956 年，经济学家罗伯特·索洛（Robert Solow）采用科布－道格拉斯生产函数推导出了索洛经济增长模型，在这个模型中，全要素生产率被定义为产出增长率与劳动增长率和物质资本增长率的加权

线性组合之差。通过这个方程，我们可以清晰地看到，在经济增长的过程中，除了劳动和资本的投入增长外，还有一部分增长是无法被这两个因素解释的，而这部分“神秘”的增长就来源于全要素生产率的提升，它被视为经济增长的“剩余源泉”。

后来，爱德华·丹尼森（Edward Denison）在 1969 年和 1983 年进一步研究发现，将“索洛余值”简单地代指技术进步率过于笼统。于是，他将全要素生产率细致地分解为资源配置效率、规模经济和知识进步三项，并进行了精准测度。这一研究成果让我们对全要素生产率的构成有了更深入、更全面的认识，也为后续的研究和政策制定提供了重要的理论基础。

二、技术进步：驱动效率飞跃的引擎

在全要素生产率提升的征程中，技术进步无疑是最强大的引擎，扮演着首要推动因素的角色。它就像一把神奇的魔杖，轻轻一挥，就能让生产效率实现质的飞跃，使得在相同的投入下，能够收获更多的产出。

回顾人类历史，每一次重大的技术变革都带来了生产效率的大幅提升和经济的飞速发展。从第一次工业革命中蒸汽机的发明，到第二次工业革命中电力的广泛应用，再到第三次科技革命中信息技术的爆发，每一次技术革命都如同一场风暴，彻底改变了之前的生产方式，创造出了前所未有的生产力。在现代社会，技术创新更是日新月异，持续为经济发展注入强大动力。它能够深入生产流程的各个环节，对各环节进行全方位的优化和改进。通过引入先进的生产技术和设备，企业可以实现生产过程的自动化、智能化，大大减少了人工操作的时间和成本，提高了生产效率。同时，技术创新还能有效降低能耗，实现资源的高效利用，减少生产对环境的负面影响。在产品质量方面，新技术的应用能够让产品的性能更加优越，功能更加丰富，从而满足消费者日益多样化和个性化的需求，提升产品在市场上的竞争力，为企业带来更多的经济效益。

根据著名的索洛模型，技术进步被视作一种外生变量，它虽然不受经济系统内部因素的直接控制，但却对经济增长产生着深远而重要的影响。这种技术进步，就像从天而降的“幸运星”，为经济发展带来了新的机遇和活力。它不仅推动了单个企业的发展壮大，更带动了整个产业的升级转型，促进了经济结构的优化调整，使得经济发展更加可持续、更具活力。

三、资源配置：效率提升的关键纽带

除了技术进步，资源配置也是影响全要素生产率的重要因素，它就像一条关键的纽带，将各种生产要素紧密连接在一起，实现了资源的最优分配和高效利用。

（一）政府视角下的资源配置

政府在资源配置中扮演着重要的角色，掌握着人力、物力、财力等资源。通过合理的政策引导和资源调配，政府能够助力企业显著提升生产效率。产业结构调整是政府优化资源配置的重要手段之一。随着经济的发展，传统产业可能面临市场饱和、技术落后等问题，政府可以通过制定相关政策，鼓励传统产业进行转型升级，加大对新兴产业的扶持力度，促进技术链与产业链、金融链的融合衔接，从而实现资源从低效率产业向高效率产业的转移，提高整个社会的资源配置效率。

例如，政府可以出台一系列鼓励企业创新的政策，如提供研发补贴、出台税收优惠等，激发企业的创新活力，推动企业加大在技术研发和产品创新方面的投入。同时，优化营商环境也是政府的重要职责。一个良好的营商环境，就像肥沃的土壤，能够吸引更多的企业入驻，促成企业之间的公平竞争。政府可以通过简化行政审批流程、加强知识产权保护、完善基础设施建设等措施，为企业的发展创造良好的外部条件。此外，消除行业壁垒也是优化资源配置的关键。行业壁垒的存在会阻碍资源的自由流动，导致资源错配。政府应打破各种不合理的行业垄断和行政壁垒，让资源能够在市场机制的作用下，自由流向最有效率的领域和企业。

但在政府进行资源配置的过程中，也要注意避免资源分配不合理的问题。过去，一些地方政府存在过度重视补助亏损企业的现象，而忽视了对具有创造性和成长性企业的支持。这种做法不仅浪费了大量的资源，还抑制了市场的创新活力和竞争力。因此，政府在进行资源配置时，要更加注重市场规律，以企业的创新能力和发展潜力为导向，合理分配资源，确保资源能够真正发挥最大的效益。

（二）市场与企业视角下的资源配置

有效的资源配置不仅依赖于政府的合理引导，更离不开市场的充分竞争和企业的创新能力。市场就像一只“无形的手”，通过价格机制、供求机制和竞争机制，促使有竞争力的企业获得更多的资源。在一个充分竞争的市场环境中，优秀企业凭借其先进的技术、优质的产品和高效的管理，能够在市场中脱颖而出，吸引更多的社会资源和资本市场的支持。例如，一些高成长性的科技企业，其创新性的项目往往能够获得风险投资的青睐，得到充足的资金支持，从而得以快速发展壮大。这些优秀企业的发展不仅自身实现了高效率的生产和增长，还带动了整个行业的技术进步和效率提升，推动了整体经济水平的提高。

企业作为市场的主体，其创新能力也是实现资源有效配置的关键。具有创新能力的企业能够不断开发出新的产品和服务，开拓新的市场领域，从而创造出更多的价值。同时，企业通过创新还能够优化自身的生产流程和管理模式，提高资源利用效率，降低生产成本。在激烈的市场竞争中，企业为了生存和发展，必须不断创新，提高自身的竞争力，这也促使资源不断向创新能力强的企业聚集，实现了资源的优化配置。

四、全要素生产率：核心竞争力的关键标尺

全要素生产率是衡量国家、区域、产业核心竞争力的重

要指标，它就像一把精准的标尺，清晰地衡量着不同主体在经济发展中的实力和潜力。在当今全球化的经济竞争中，一个国家或地区的全要素生产率水平，直接决定了其在国际市场上的地位和竞争力。提高全要素生产率，已经成为我国经济由高速增长转向高质量发展的关键所在。

知识进步效率和资源配置效率，是全要素生产率提升的两大核心动力。知识进步效率主要体现在产业技术能力和产学研融合方面。产业技术能力的提升，意味着企业能够掌握更先进的生产技术和工艺，提高产品的附加值和市场竞争力。而产学研融合则能够促进知识的快速转化和应用，将高校和科研机构的科研成果迅速转化为实际生产力，推动产业的技术创新和升级。

资源配置效率则体现在产业链供应链的竞争与合作、金融与产业融合以及人才流动等方面。在全球化的背景下，产业链、供应链的协同发展至关重要。企业之间通过加强合作，实现资源共享、优势互补，能够提高整个产业链的效率和竞争力。金融与产业的融合，为产业发展提供了充足的资金支持，促进了技术创新和企业的发展壮大。而人才的合理流动，则能够确保各个领域都拥有高素质的人才，为经济发展提供智力支持。

要实现全要素生产率的大幅度提升，就必须实现科技进步和资源配置的结构性明显提高。这意味着，我们不仅要在知识创造和技术创新方面取得革命性突破，还要在资源配置的政策和机制上进行创新和优化。发展新质生产力，需要实现技术创新和制度创新的双突破，实现知识进步效率和资源配置效率的双提高。这不仅要求我们有崭新的高技术，还要有崭新的产业范式。在产业发展中，要促进大中小型企业的融通发展，实现产学研的深度融合，加强技术与金融的紧密结合，强化产业链、供应链、金融链的协同发展。

新质生产力以全要素生产率的大幅度提高为核心，它标志着技术的革命性突破和产业范式的变革。在未来的经济发展中，只有不断提升全要素生产率，积极培育和发展新质生产力，我们才能在激烈的全球竞争中立于不败之地，实现经济的高质量、可持续发展，创造更加美好的未来。

第二节
数据新力：数据成为新型生产要素

在经济发展的漫长进程中，生产要素始终是推动产业进步的核心力量。从最初的劳动力、土地，到后来加入的资本、技术，每一次新型生产要素的出现与融入，都为经济发展注入了一股全新的活力，引发了产业格局的深刻变革。而如今，在数字化浪潮的席卷之下，数据正以一种前所未有的姿态，强势崛起为新型生产要素，为传统产业的转型升级带来了无限可能，成为解锁未来经济增长密码的关键所在。

一、传统生产要素的局限与困境

回溯历史，传统的生产要素，如劳动力、土地、资本和技术，在推动经济发展的历程中功不可没。在工业革命早期，大量廉价的劳动力涌入工厂，成为推动生产的主力军。土地提供了生产和发展的空间，资本则为企业的创立、扩张和设备购置提供了资金支持。技术的不断进步，更是一次次地突破了生产效率的瓶颈，从蒸汽机的发明到电力的广泛应用，再到自动化生产线的普及，每一次技术变革都极大地提升了生产效率，推动了产业的发展。

然而，随着时间的推移和经济的发展，这些传统生产要素逐渐暴露出了其固有的局限性。劳动力方面，人口红利的逐渐消失，使得劳动力成本不断攀升，企业的用工压力日益增大。单纯依靠人力的生产方式，在效率和精度上都存在着一定的局限，难以满足现代市场对于高质量、高效率产品的需求。土地资源更是有限的，随着城市化进程的加速，土地供应愈发紧张，价格不断上涨，这也给企业的发展带来了巨大的成本压力。资本方面，虽然资本的投入能够在一定程度上扩大生产规模，但当市场逐渐趋于饱和，单纯的资本扩张所带来的边际效益越来越低，甚至可能因为过度投资而引发产能过剩等问题。技术方面，虽然技术创新一直在持续，但新技术的研发和应用成本高昂，周期漫长，而且技术的传播和扩散也存在一定的障碍，并非所有企业都能及时跟上技术进步的步伐。

在这样的背景下，传统产业的发展逐渐陷入了瓶颈，转型升级迫在眉睫。而此时，数据作为一种全新的生产要素，悄然登上了历史的舞台，为传统产业的发展带来了新的曙光。

二、数据：新型生产要素的崛起与独特优势

数据，这个在信息时代产生的大量数字资源，正逐渐展现出其作为新型生产要素的巨大潜力和独特优势。与传统生产要素相比，数据要素具有放大、叠加、倍增的神奇作用，这种作用使得数据日益成为传统产业发展的关键要素。

想象一下，在制造业中，企业通过收集生产线上的各种数据，如设备运行状态、产品质量检测数据、原材料消耗数据等，利用大数据分析技术对这些数据进行深入挖掘和分析，就能够发现生产过程中存在的问题和潜在的优化空间。通过对设备运行数据的分析，企业可以提前预测设备故障，及时进行维护，避免因设备故障而导致的生产中断，从而提高生产效率。对产品质量检测数据的分析，则可以帮助企业找出影响产品质量的关键因素，优化生产工艺，提高产品质量。这些基于数据的决策和优化措施，能够在不增加大量人力、物力和财力投入的情况下，实现生产效能的大幅提升，这就是数据要素的放大作用。

数据要素还具有叠加效应。不同类型的数据相互融合、相互补充，能够产生出更有价值的信息。例如，在电商行业，企业不仅拥有用户的购买行为数据，还可以获取用户的浏览历史、搜索记录、地理位置等多维度数据。将这些数据进行叠加分析，企业就能够更全面、深入地了解用户的需求和偏好，从而实现精准营销和个性化推荐。通过向用户推荐他们真正感兴趣的商品，不仅能够提高用户的购买转化率，还能提升用户的

满意度和忠诚度，为企业带来更多的商业价值。

数据要素的倍增作用更是显著。一旦数据被有效地利用，它所创造的价值往往会呈现出几何倍数的增长。以共享经济模式为例，通过大数据平台，将闲置的房屋、车辆等资源与有需求的用户进行匹配，实现了资源的高效利用。这种基于数据的共享模式，不仅为用户提供了更加便捷、经济的服务，还创造了全新的商业模式和经济增长点。而且，随着数据量的不断增加和数据分析技术的不断进步，这种倍增效应还会持续放大。

三、数据驱动的新产品与新服务：知识与价值的双重飞跃

培育基于数据要素的新产品和新服务，成了传统产业实现转型升级的重要途径。通过对数据的深度挖掘和创新应用，企业能够开发出一系列满足市场需求的新产品和新服务，实现知识的扩散和价值的倍增。

在医疗领域，大数据和人工智能技术的结合，为疾病的诊断和治疗带来了全新的方式。医疗机构可以收集患者的病历数据、基因数据、影像数据等，利用人工智能算法对这些数据进行分析，帮助医生更准确地诊断疾病，制订个性化的治疗方案。同时，基于数据的远程医疗服务也得到了快速发展，患者可以通过互联网将自己的健康数据传输给医生，医生则可以远程为患者提供诊断和治疗建议，打破了时间和空间的限制，让

优质的医疗资源能够惠及更多的人。这种基于数据的医疗服务创新，不仅提高了医疗服务的质量和效率，还推动了医学知识的传播和共享，实现了知识的扩散。

在金融领域，数据驱动的金融创新同样层出不穷。金融机构通过对用户的信用数据、消费数据、投资数据等进行分析，能够更准确地评估用户的信用风险，开发出更符合用户需求的金融产品和服务。例如，互联网金融平台在合法的前提下利用大数据技术开展小额信贷业务，通过对用户的多维度数据进行分析，快速评估用户的还款能力和信用状况，为那些传统金融机构难以覆盖的小微企业和个人提供了便捷的融资渠道。这种基于数据的金融创新，不仅拓展了金融服务的边界，还提高了金融资源的配置效率，实现了价值的倍增。

让数据要素进入社会化大生产，能够更好地向传统产业释放数据红利。通过建立数据共享平台和开放数据接口，不同企业和行业之间可以实现数据的共享和流通，促进数据的充分利用。例如，在制造业中，企业可以与供应商、合作伙伴共享生产数据和市场数据，实现供应链的优化和协同发展。通过实时了解原材料的库存情况和市场需求变化，企业可以及时调整生产计划，降低库存成本，提高供应链的响应速度和灵活性。

四、数据与传统生产要素的协同发展：突破约束，提升效率

推动数据要素与劳动力、资本、技术、土地等传统生产

要素的协同发展，是实现传统产业转型升级的关键所在。以数据流引领技术流、资金流、人才流、物资流，能够突破传统资源要素的约束，大幅提高传统产业的全要素生产率。

在技术创新方面，数据为技术研发提供了丰富的信息和依据。企业可以通过对市场数据和用户需求数据的分析，了解市场的最新动态和用户的潜在需求，从而有针对性地开展技术研发。例如，在智能手机行业，企业通过对用户的使用习惯、偏好等数据的分析，不断优化手机的功能和设计，推出更符合用户需求的新产品。同时，数据还能够加速技术的传播和应用，通过在线平台和开源社区，技术成果可以快速地在企业之间共享和扩散，促进整个行业的技术进步。

在资金配置方面，数据能够帮助企业更准确地评估投资某项目的风险和收益，提高资金的使用效率。金融机构可以利用大数据技术对企业的财务数据、信用数据等进行分析，从而更准确地评估企业的信用状况和还款能力，为企业提供更合理的融资方案。同时，数据还能够引导资金流向更有潜力的产业和企业，促进产业结构的优化升级。

在人才管理方面，数据可以帮助企业更好地了解员工的能力和需求，实现人才的合理配置和培养。通过对员工的工作绩效数据、技能数据等进行分析，企业可以发现员工的优势和不足，为员工提供个性化的培训和发展机会。同时，数据还能够帮助企业吸引和留住优秀人才，通过对人才市场数据的分析，企业可以了解行业的薪酬水平和人才需求趋势，制定更具竞争力的薪酬和福利制度。

在物资管理方面，数据能够实现物资的精准采购和库存管理。企业可以通过对生产数据和市场需求数据的分析，准确预测物资的需求量，从而避免库存积压和缺货现象的发生。同时，数据还能够优化物资的运输和配送路线，提高物流效率，降低物流成本。

五、市场效应与制度创新：释放数据要素的最大潜能

我国庞大的市场规模和强大的集聚效应，为数据要素的发展提供了得天独厚的条件（图 4–2）。发挥我国市场的规模效应和集聚效应，能够破除妨碍各种生产要素市场化配置的体制机制障碍，降低制度性交易成本，促进要素有序流动，提高要素配置效率。

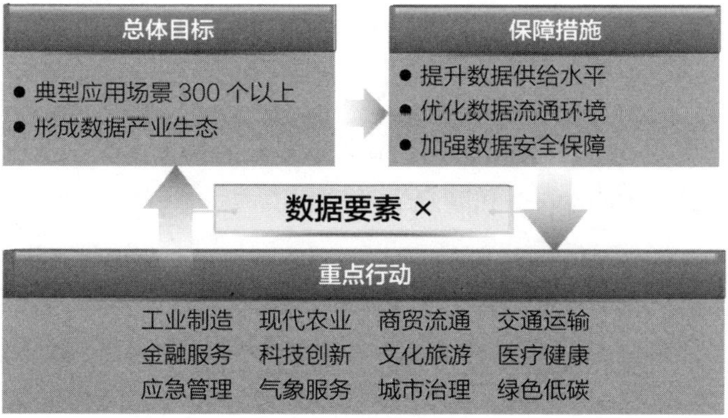

图 4–2　数据要素 ×

庞大的市场规模意味着海量的数据资源。在我国，拥有数以亿计的互联网用户和庞大的企业群体，这些用户和企业在日常的生活和生产中产生了大量的数据。这些数据资源来自各个领域和行业，为数据的分析和应用提供了丰富的素材。通过对这些海量数据的挖掘和分析，企业可以发现更多的市场机会和创新点，开发出更具竞争力的产品和服务。

市场的集聚效应则能够促进数据要素与其他生产要素的深度融合。在产业集聚区内，企业之间的交流和合作更加便利，数据的共享和流通更加顺畅。不同企业的技术、人才、资金等要素在数据的引领下，能够实现更加高效的配置和协同发展。例如，在一些高新技术产业园区，企业之间通过共享数据和技术资源，形成了完整的产业链和创新生态系统，推动了整个产业的快速发展。

为了充分释放数据要素的潜能，市场还需要进行制度创新。政府应加强数据产权保护制度的建设，明确数据的所有权、使用权和收益权，保障数据所有者的合法权益；要建立健全数据交易市场规则，规范数据交易行为，促进数据的合法、有序流通；政府还应加强数据安全监管，防止数据泄露和滥用，保障数据的安全和隐私。

通过破除体制机制障碍和降低制度性交易成本，能够进一步激发全社会的创造力。企业可以更加自由地获取和利用数据要素，开展创新活动，提高生产效率。同时，要素的有序流动和高效配置，也能够推动经济发展实现质量变革、效率变革和动力变革，为传统产业的转型升级提供更有效的新质要素配置方案，释放更高的全要素生产率。

数据作为新型生产要素，正以其独特的优势和强大的力量，深刻地改变着传统产业的发展格局。它不仅为传统产业的转型升级提供了新的思路和方法，还为经济的可持续发展注入了新的活力。在未来的发展中，我们应充分认识到数据要素的重要性，积极推动数据与传统生产要素的协同发展，不断创新制度和模式，让数据要素在传统产业转型升级的征程中发挥出最大的潜能，创造出更加辉煌的经济发展新篇章。

第三节
数据革命：开启生产要素创新配置新时代

在人类经济发展的漫漫长河中，生产要素始终是推动社会进步的核心动力。从工业时代的蹒跚起步，到数智时代的大步跨越，每一次生产要素的更迭与创新，都如同奏响了一曲激昂的乐章，引领着世界经济格局的深刻变革。现在，让我们一同深入探索数据要素的独特魅力，看看它如何在数智时代重塑生产要素的配置格局，为经济发展注入全新活力。

一、工业时代：生产要素的演变与增长模式

回溯工业时代前期，劳动力、土地和资本宛如经济大厦的三根支柱，撑起了整个经济体系。那时的经济增长，主要依赖大规模的资源投入，是一种典型的外延式粗放增长。无数劳

动者在广袤的土地上辛勤劳作，资本源源不断地用于工厂建设和设备购置，只为扩大生产规模。科技创新虽也在悄然推进，却像是经济发展的“局外人”，是外生变量。生产力的增长就像一条平缓的直线，随着要素投入的增加而稳步上升，缺乏爆发性的突破。

随着时间的推移，工业时代步入后期，知识、技术和管理如同三颗璀璨的新星，登上了经济舞台。它们成为继劳动力、土地、资本之后新的关键生产要素，引领生产力迈入内涵式精细增长的新阶段。此时，科技创新不再是游离于经济体系之外的旁观者，而是深度融入其中，成为推动经济增长的内生变量。企业开始重视研发创新，优化管理流程，以提高生产效率和产品质量。生产力的增长曲线也随之变得陡峭，创新的力量开始释放出巨大的能量。

二、数智时代：数据要素的崛起与关键地位

如今，我们已身处数智时代，数据这一全新的生产要素正以磅礴之势改写着经济发展的规则。在数智时代，生产力由数据驱动，呈现出协同式乘数增长的独特景象。数据就像一位神奇的魔法师，轻轻一挥魔杖，就能让各种生产要素产生奇妙的化学反应，实现协同增效，创造出远超以往的价值。

按照学者卡萝塔·佩蕾丝（Carlota Perez）的观点，历次技术革命都会催生 1 ~ 2 个具备大规模可得和价格低廉特性的关键要素。在数智时代，数据无疑完美契合这两个特征，所以

成为关键生产要素。在这个信息爆炸的时代，数据呈爆发式的指数型增长。每一天，全球各地的人们通过互联网、移动设备、传感器等各种渠道，产生海量的数据。这些数据涵盖了生活的方方面面，从人们的日常消费习惯到企业的生产运营数据，从社交网络上的交流互动到科研领域的实验数据，无所不有。数据的规模之大，增长速度之快，超乎想象。

与此同时，数据的非物质化和可复制性使其边际成本极低，甚至趋近于零。与传统的生产要素，如土地、资本等不同，数据的获取和使用无须消耗大量的物质资源。一旦数据被生成，它就可以被轻松地复制和传播，几乎不需要额外的成本。例如，一个在线教育平台上的课程视频制作完成后，可以被无数学生同时观看，每增加一个观看者，平台几乎不需要增加任何成本。这种低成本的特性，使得数据能够被大规模地获取和使用，为其成为关键生产要素奠定了坚实的基础。

三、数据要素的独特特征：与传统要素的差异

（一）与硬要素相比：软要素的独特魅力

与劳动力、土地、资本等硬要素相比，数据要素展现出了软要素的独特特征。

首先，数据具有非竞争性和非排他性。在同一时间内，多个主体可以同时使用同一份数据，而且使用后的数据并不会减少其价值，也不会妨碍其他主体对它的再使用。这与传统的

硬要素截然不同，比如一块土地，一旦被某个人占用，其他人就无法同时使用。而数据则可以在不同的企业、不同的领域中被反复使用，发挥出更大的价值。例如，一家电商平台收集的用户购买行为数据，可以被平台上的商家用于精准营销，同时也可以被数据分析公司用于市场趋势研究，各方都能从中受益，而数据本身的价值并不会因此而减少。

其次，数据要素还具有边际成本递减和边际收益递增的特性。随着数据的不断使用，其规模会越来越大，而获取和使用数据的成本却会越来越低。与此同时，数据的价值会随着使用次数的增加而不断提升。因为每一次使用数据，都可能挖掘出更多的信息和价值，从而为使用者带来更多的收益。例如，一家金融机构通过不断收集和分析客户的信用数据，能够更准确地评估客户的信用风险，为其提供更合适的金融产品和服务，从而提高客户的满意度和忠诚度，为金融机构带来更多的业务收入。

（二）与一般软要素相比：独一无二的特质

相较于技术、知识、管理等软要素，数据要素又有着独一无二的特征。

数据的非物质化和非实物态使其成为一种虚拟要素，具有泛在性、永在线性、巨规模性、极低廉性和高增值性的特征。数据无处不在，它存在于互联网的每一个角落，通过各种设备和网络连接，时刻保持在线状态。数据规模之大，堪称巨量，涵盖了人类生活和社会生产的各个领域。而且，获取和使用数据的成本极低，却能为企业和社会创造出巨大的价值。例如，社交媒体平台上的用户数据，虽然无形无质，但却蕴含着巨大的商业价值。企业可以通过分析这些数据，了解用户的兴趣爱好、消费习惯等信息，进行精准的广告投放，从而提高广告效果和销售转化率。

此外，数据还具有非有限性和非稀缺性。它可以被无限复用、无限组合、无限迭代和无限供给。与传统的生产要素不同，数据不会因为使用而被消耗殆尽，反而会在不断地使用和创新中产生新的价值。例如，科研人员可以对历史实验数据进行重新分析和组合，挖掘出全新的科学规律；企业可以将不同来源的数据进行整合和分析，开发出更具竞争力的产品和服务。

数据要素的这些独特特征，使其能够打破传统要素关于有限性、稀缺性和边际成本递增的约束，为生产要素的创新性配置提供了广阔的空间。

四、数据要素推动生产要素创新性配置

（一）独立价值创造：决策优化与效率提升

数据要素自身具备强大的价值创造能力。通过数据分析和挖掘，它能为企业提供有价值的决策信息，帮助企业优化生产流程、降低成本、提高产品质量。例如，一家制造业企业通过对生产线上的数据进行实时监测和分析，能够及时发现设

备故障隐患，提前进行维护，避免生产中断，从而提高了生产效率和产品质量。此外，数据还能帮助企业精准把握市场需求，开发出更符合市场需求的产品和服务，提升企业的市场竞争力。

（二）赋能融合：激发乘数效应

数据要素与其他生产要素的融合，能产生令人惊叹的价值倍增效应。在农业领域，通过将大数据技术与农业生产相结合，农民可以实时监测土壤湿度、肥力、气候等数据，实现精准灌溉、精准施肥，提高农作物的产量和质量。在工业领域，数据与人工智能技术的融合，使得生产过程更加智能化、自动化，提高了生产效率和产品的一致性。在服务业，数据与云计算、物联网等技术的融合，创造出了全新的商业模式和服务体验，如共享经济、在线教育、远程医疗等。

（三）替代效应：突破传统束缚

在一些场景下，数据要素还可以替代传统的生产要素，实现价格归零效应。例如，在数字音乐和数字图书领域，数据的存储和传播成本几乎为零，消费者可以通过网络以较低的价格轻松获取自己喜欢的音乐和图书，无须再购买实体唱片和书籍。这不仅降低了消费者的支付成本，也为内容创作者和发行商开辟了新的商业模式。在金融领域，大数据和人工智能技术的应用，使得信用评估和风险控制更加精准高效，减少了对传统抵押物的依赖，降低了金融服务的门槛和成本。

（四）推动绿色低碳发展：可持续的新路径

数据要素的应用还能促进经济绿色低碳发展。通过对能源消耗数据的分析和优化，企业可以实现节能减排，提高能源利用效率。例如，智能电网通过实时监测和分析电力数据，合理调配电力资源，减少了能源浪费。在交通领域，大数据技术可以优化交通流量，减少车辆拥堵，降低尾气排放。数据要素的“除法效应”实现了对物质和资源的高效利用和节约，推动经济朝着可持续发展的方向迈进。

五、数据引领生产力跃迁：迈向新质生产力

从工业时代到数智时代，生产要素实现了从低位要素向高位要素的过渡，数据成为关键生产要素和战略资源，推动着生产力由工业生产力向新质生产力的华丽跃迁。

在新质生产力的发展模式下，数据驱动的创新成为经济增长的核心动力。企业通过数据要素的创新性配置，实现了生产过程的智能化、管理决策的科学化和产品服务的个性化。数据要素与新兴技术的深度融合，催生出了一系列新产业、新业态、新模式，如智能制造、数字经济、平台经济等。这些新质生产力的代表，以其高效、智能、绿色的特点，成为推动经济高质量发展的新引擎。

在未来的发展中，数据要素将继续发挥其关键作用。数据要素以其独有的特征和强大的价值创造能力，正在深刻地改

变着生产要素的配置格局，引领我们迈向一个全新的经济发展时代。我们必须充分认识到数据要素的重要性，积极拥抱数智时代的变革，加强数据资源的开发和利用，推动数据要素与其他生产要素的深度融合。让我们紧跟数据要素的步伐，在数智时代的浪潮中乘风破浪，创造更加美好的未来。

第五章
产业深度转型升级

在新时代背景下，产业的深度转型升级为传统产业开辟了更为广阔的发展空间，这一过程不仅是生产力的革新，更是产业形态的全面跃迁。传统产业作为承载传统生产力的重要载体，正经历着向战略性新兴产业和未来产业的深刻转型。这一转型不仅是技术的更新换代，更是新质生产力的生成与应用，它正在模糊传统产业与新兴产业之间的界限，使两者的融合与互补性日益增强，从而赋予了产业更加多元和丰富的内涵。

随着社会的进步和人民生活水平的提高，人们对美好生活的需求日益广泛化和多样化。这种需求不仅体现在追求物质产品的丰富和高质量上，更延伸至对文化产品和生态产品的高品质追求上。因此，发展新质生产力，推动产业转型升级，已成为满足人民群众日益增长的美好生活需要的必然选择。通过这一转型升级，可以构建起一个优质、高效、多样化的供给体系，提供更多优质的跃迁产品和服务，从而更好地满足人民群众对美好生活的向往和追求。

在这一过程中，传统产业的转型升级不仅是对自身发展瓶颈的突破，更是对整个社会经济结构的优化和升级。它要求我们在保持传统产业优势的同时，积极拥抱新技术、新模式，推动产业链的延伸和升级，实现产业的高质量发展。同时，这也需要我们加强政策引导和支持，为传统产业的转型升级创造良好的外部环境，激发市场主体的活力和创造力，共同推动产业转型升级的深入进行。

第一节
数智劳动：开启工业劳动新篇章

随着人工智能、机器人技术、虚拟现实等前沿科技的飞速发展，我们正站在一个全新的劳动时代的门槛上。在这个时代，工业劳动将从以自然人劳动为主、机器劳动为辅，转变为以机器劳动为主、自然人劳动为辅的数智劳动。这种转变将极大地提高生产效率，降低劳动成本，释放出巨大的“机器红利”。

新质生产力由技术革命性突破、生产要素创新性配置、产业深度转型升级而催生（图 5–1）。

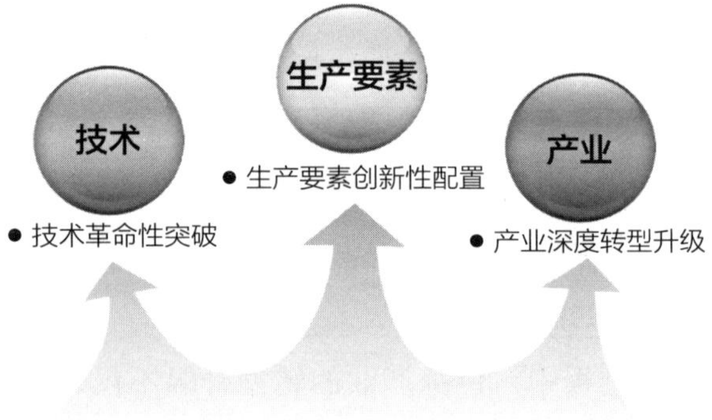

图 5–1　新质生产力的产生背景

数智劳动的核心在于“机器换人”。根据数智化程度的不同，“机器换人”可以分为三个层次。

首先，智能机器人对人体能的替代。智能机器人能够代替人类完成简单性、重复性、程序化、规则化的体力劳动。它们可以实现全时生产、全球生产，打破自然人身体和心理的极限，极致延伸劳动时长和劳动强度。这种替代可以提高生产效率、降低劳动成本，实现类似于人体能劳动的无限复制、供给、倍增。

其次，人形机器人对人技能的替代。人形机器人具有高自由度、高灵活性、高智能性等特点，能够模仿人的形态、技能和行为。它们以数据循环反馈驱动数据飞轮效应，提高思维能力、学习能力和环境交互能力，生成最优生产决策。通过双臂协调控制和手指控制，人形机器人能够完成更复杂的操作，成为提供问题解决方案的技能体。例如，在医疗领域，人形机器人有望替代专业护工对患者进行陪伴和照顾。

最后，数字虚拟人对人智能的替代。随着人工智能从弱人工智能到强人工智能、超人工智能的转变，数智劳动也从智能机器人、人形机器人向数字虚拟人跨越。以“数字主播”“数字讲解员”“数字客服”“数字工匠”为代表的数字虚拟人纷纷涌现，实现对人的“数字孪生”。数字虚拟人是人的分身、化身、替身，集人的体能、技能、智能于一体，实现对人的较为综合的替代。例如，“数字工匠”不断将知识密集型劳动者的丰富经验等隐性知识通过机器学习和深度学习加以掌握。当学习效应形成规模后，在算力和数据的加持下，产生“智能奇点”，增强智能涌现能力，实现“触类旁通”。

劳动者从“自然人”到“智能机器人”“人形机器人”“数字虚拟人”的跨越，有望使企业的“自然人员工”转为“数字人员工”。这种转变打破了劳动有限性约束，促进了传统生产力向新质生产力跨越。数智劳动将为工业劳动带来革命性的变化，开启工业劳动新篇章。

在这个数智劳动的新时代，我们应积极拥抱变革，加强技术创新和人才培养，推动数智劳动的发展。同时，我们也要关注劳动者的权益和福利问题，为他们提供更好的工作环境和待遇，让他们能够更加安心和舒心地工作。让我们携手共进，共同迎接数智劳动时代的到来，实现经济社会的可持续发展。

第二节
数字空间：开启工业时代新篇章

随着人工智能、物联网、大数据等前沿科技的飞速发展，我们正站在一个全新的工业时代的门槛上。在这个时代，生产活动将从以实体空间为主、数字空间为辅，转变为实体空间与数字空间叠加，甚至实体空间与数字空间换位。

数字空间优化实体空间。数字空间在孪生技术的加持下，进行物联感知、时空计算、逼真渲染、仿真推演，实现描述、诊断、预测、决策实体空间。这种优化使得数字空间能够对实体空间进行反馈、拓展、承接、复制、优化、超越，生成“实体空间—数字空间—实体空间”闭环交互优化系统。这种系统能够促进企业将研发、制造、营销管理等环节平移至数字空间，实现数字研发、数字制造、数字营销、数字管理，加速企业数字化转型。

数字空间替代实体空间。在工业时代，企业生产经营活动基于实体空间，土地的有限性和不可转移性所带来的供给刚性深度束缚了经济发展。而在数智时代，企业生产经营活动基于土地和网络分布在实体空间和数字空间，并逐步向数字空间转移，实现“网络换地”。这种转移形成了“实体车间 + 数字车间”“实体工厂 + 数字工厂”的组合。区别于实体空间的有限性和不可转移性，数字空间的无限性和可转移性吸引了无限主体进入、聚集在数字空间，使其成为生产、交换、消费的新场域。通过低入驻成本、低坑位成本、低征询成本、低生产成本、低交易成本，使用者可获取数字空间红利。数字空间对实体空间的替代，可缓解经济发展对实体空间需求和土地供给刚性、土地资源紧缺间的矛盾，可谓经济发展空间的一次革命。

在这个数字空间的新时代，我们应积极拥抱变革，加强技术创新和人才培养，推动数字空间的发展。同时，我们也要关注实体空间的保护和利用问题，为它们提供更好的发展环境和条件。让我们携手共进，共同迎接数字空间时代的到来，实现经济社会的可持续发展。

第三节
数智管理：开启管理成本趋零新时代

在数智时代，数智管理（包括数据管理）将带来内部管理成本和外部交易成本趋零。这种趋零不仅极大地提高企业的管理效率，还将降低企业的运营成本，为企业带来竞争优势。

（一）内部管理成本趋零

在“数据+算力+算法”的加持下，企业利用内部生成的免费数据，遵循“数据—信息—知识—智慧”逻辑演进路径，充分挖掘和分析数据，进而释放数据价值。企业可以在众多智能解决方案中选取最优决策，推动企业决策从“经验决策”“定性决策”向“数据决策”“循数决策”转变，从“数据上云”向“数尽其用”转变。这种转变增强了企业决策的即时性、智能性、精准性、科学性，有效降低了决策成本。

（二）服务成本趋零

在数智技术加持下，企业的研发、制造、营销、营运环节被打通，数据连通、数据跨界、业务协同，“一网归结、多元化解”，让数据多跑路、员工少跑腿。企业内部“融合办、一键办、即时办、跨部办、极简办、一网办”，从“多次跑、多地跑”“一次跑、一地跑”到“零次跑、零地跑”，从“见面审批”到“秒报秒批、秒批秒得”。这可以打通企业部门间、上下级间壁垒，提高企业内部办事和服务效率，降低包括时间成本和交通成本在内的管理成本。

（三）监管成本趋零

企业数据流通生成是集设备画像、员工画像于一体的“数字痕迹”和“数据网络”，对机器设备、员工行为进行持续判断、监管和定义，形成“机在转、人在干、数在算”的监管体系和监管网络。这种监管体系和监管网络可降低企业内部的人工监管成本。

（四）外部交易成本趋零

数智技术的高连接性促使企业与外部供应商和用户之间建立紧密的联系。企业可以根据用户画像持续定义追踪用户需求偏好，实现从“人找数据”向“数据找人”的转变，并据此向用户持续推荐产品，实现精准营销。企业利用数智技术连接用户、定义用户、满足用户，减少信息不对称，降低企业对潜在用户的搜索成本。

（五）沟通成本趋零

数智技术可以打破时间差、空间差、信息差、资源差，使企业与用户之间随时沟通、随地沟通。数智技术使签订契约中的产品质量、产品功能、产品价格、产品款式等关键要素信息更加透明，有效降低企业与用户间的沟通成本。

（六）监督成本趋零

数智技术尤其是区块链技术能动态跟踪交易对象和合同标的的履行，极大降低风险成本和执行成本，增强监管的完整性、可溯性及可信性。

第四节
算力算法：开启数智时代新篇章

在数智时代，算力和算法成了推动经济社会发展的重要力量。算力是指计算能力，随着数智技术的发展，计算开始变得数字化、智能化，形成了数智计算。数智计算具有如下特征。

（一）计算体量大

在数智时代，数据的爆炸式增长要求算力对海量结构化数据、半结构化数据、非结构化数据进行实时的大规模存储、清理、分析。通过暴力计算充分挖掘海量数据的经济价值和社会价值。

（二）计算范围广

数智技术在提高生产企业研发、制造、营销、营运环节效率的同时，算力也在优化迭代，并渗透到金融、医疗、服务、教育、能源等不同行业和不同场景。实现端边云的泛在计算和多场景的协同计算，延伸人类能力，发挥算力的技术底座和动力引擎作用。

（三）算力绿色化

例如，海南省发挥海洋优势，实现“数据下海”，建立了海底数据中心。对数据舱产生的热量进行自然冷却，实现高算力、低能耗、高安全的运行效果。为“东数西算”工程提供

“陆数海算”的新补充，实现绿色计算和生态计算。

算法为数据分析和数据挖掘提供技术核心和技术支撑，而算法大模型的应用则具有跃迁意义。

算法应用可创造新型就业岗位，提高工作效率。算法的应用在短期内可能对特定领域的劳动力产生替代效应，但从长期来看会催生新业态和新产品，并由此衍生出算法设计师等大批新型就业岗位。在算法应用中，企业应更注重人力资本价值和创新能力，促进人的思维意识、创新意识，这些意识与机器的大规模计算、分析形成互补。以“生物智能＋机器智能”实现“人机协同”，进而提高工作效率和工作质量。

算法应用赋能千行百业。在数字基础设施和通用大模型的基础上，根据各行各业发展的痛点、堵点和数据特征，设计专业化、定制化、柔性化行业模型；促进模型与金融、农业、制造等深度融合，发挥数据分析和数据决策作用；实现模型设计与业务场景高度匹配，通过“预训练大模型＋下游业务微调”生成业务场景智能解决方案。提高各行各业生产效率，加快新质生产力的形成。

算法推荐改善生活服务水平，提高交易效率。根据算法画像，为用户打上个性化标签，实现用户“所想即所得”。节约搜索成本，提高交易效率。算法推荐给网络平台本地化服务带来便利，通过即时的位置锁定和智能筛选，实现用户与商家的精准连接和智能交互。

第五节
数字平台：引领工业时代新篇章

在工业时代，跨时空的市场资源配置带来了高昂的交易成本，使公司成为生产要素的主要组织方式。然而，随着数智技术的快速发展，我们迎来了一个全新的时代——数智时代。在这个时代，数智技术带来的“零时间、零距离、零成本、无边界”特征使数字平台成为生产要素的组织方式，生产要素的组织方式发生了根本性改变。

首先，数字平台的主体多元化。数字平台的主体多元化意味着其不仅包括用户、供应商，还包括分销商、互补方等利益相关主体。各主体基于分工各司其职，实现自我完善、自我提升、自我驱动、自我管理。它们不断连接、聚合到价值网络中，形成了具有“小实体大虚拟、小脑袋大身体、小核心大外围、小规模大网络”特征的平台组织。

其次，数字平台的协作能力。数字平台通过聚合多元主体替代过去纵向一体化的分工，选择科学的开放边界、开放程度和合作模式，开放资源池，摆脱自身资源有限性约束。数字平台不断吸收、整合外部资源，各部分即时连接，通过大规模跨界协作吸收异质性、互补性资源，并对生产要素进行创新性配置，产生新产品、新功能、新服务，实现迭代式创新。

最后，数字平台的即时互动能力。根据用户需求深度分析，充分发挥数字平台多元主体集聚能力和平台协作能力，形成即需即供、用完即散的一线“小组”。数字平台能够快速响应、满足用户需求，以用户为中心，增强企业动态能力，进而获得持续竞争优势。例如，美团外卖平台在连接商户与用户的基础上，纳入骑手、支付机构、地图导航等多元服务主体。针对用户需求实现即时涌现、快速交互，可组建出若干即时、可信、合作的资源交互的行动小组。

第二篇
新趋势
PART 2

生产力作为人类改造自然的核心能力，其构成要素正在发生革命性变化。传统生产力由劳动者、劳动资料和劳动对象三要素构成，而新质生产力则在这三个维度上都实现了质的飞跃，推动人类改造自然的能力达到新高度。

在劳动者维度，新质生产力要求实现从人口红利向人才红利的转变。过去，我国依靠庞大的劳动者人口成为世界工厂，但这一模式已难以为继。新质生产力时代，我们需要的是科学家、工程师和科技创业者等高素质人才。正如钱学森的价值远超五个装甲师一样，华为、比亚迪等企业正是依靠强大的研发团队和持续的创新投入，在全球竞争中占据优势。

劳动资料的革新是新质生产力最显著的标志。生产工具的科技含量直接决定了生产力的性质，视觉处理器（GPU）等高端设备的应用就是典型例证。高技术含量的劳动资料是新质生产力的动力源泉。评估企业时，研发投入、知识产权数量、高端设备规模等指标，比短期财务表现更能反映其未来发展潜力。

劳动对象的拓展为新质生产力提供了广阔空间。从农业时代的土地，到工业时代的矿藏、森林，再到信息时代的深海、深空、深地，劳动对象的范围不断扩大。太空资源开发、地下深钻等前沿探索，不仅拓展了人类的资源获取渠道，更为经济增长开辟了新路径。这种空间维度的突破，使人类改造自然的能力实现质的飞跃。

新质生产力的三个维度不是孤立存在的，而是相互促进、协同发展的有机整体。高素质劳动者推动劳动资料的革新，先进劳动资料拓展劳动对象的边界，广阔劳动对象又为劳动者提供新的实践空间。这种良性循环将推动人类改造自然的能力持续提升，开创生产力发展的新纪元。

第六章
更高素质的劳动者

从构成要素来看，新质生产力以劳动者、劳动资料、劳动对象及其优化组合的全面跃升为核心内涵。这种跃升不是简单的量变，而是质的变化，体现在生产力各要素的深度重构和协同创新上。具体而言，新质生产力通过技术革命引领生产要素的重新配置，包括资金流动、人才集聚、劳动工具革新、科研设备升级以及生产空间优化等多个维度，最终推动产业结构的根本性变革。

劳动者，作为劳动的载体，是最重要的生产力要素。他们不仅运用劳动资料进行生产，还通过自己的经验、知识技能以及创新能力，不断推动生产力的发展。马克思曾将劳动定义为“有目的的活动”，而劳动者则是这一活动的主体。他们运用自己的智慧和力量，将劳动资料转化为劳动成果，创造出丰富多样的物质财富。

在新质生产力时代，劳动者的素质将不断提高。他们将具备更高的知识水平、更强的技能和创新能力。这得益于教育的普及和科技的发展，劳动者能够不断学习新知识、掌握新技能，适应不断变化的生产需求。同时，人工智能等技术的应用也将为劳动者提供更多的学习和发展机会，帮助他们不断提升自己的素质。

劳动者素质的提高将带来生产力水平的飞跃。高素质的劳动者能够更高效地运用劳动资料，创造出更高的生产价值。他们能够发现生产过程中的问题和不足，提出改进意见和建议，推动生产技术的不断创新和发展。同时，他们还能够积极参与企业的管理和决策，为企业的发展提供有力支持（图 6-1）。

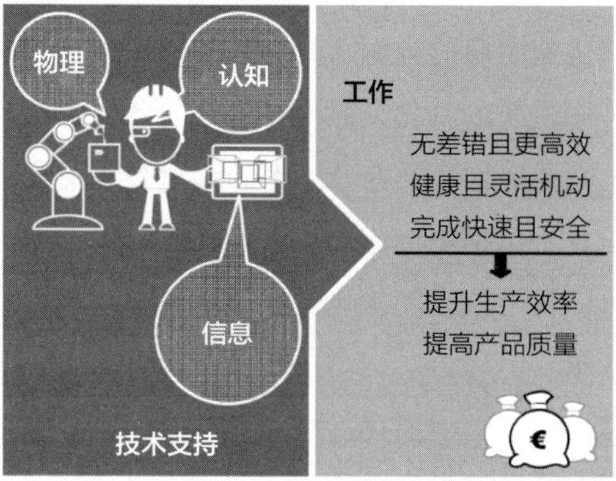

图 6-1　更高素质的劳动者

在社会化生产中，马克思提出了“总体工人”概念。他认为，从氏族公社到以家庭为单位，再发展到资本主义的社会化大生产，是集体劳动推动了社会的发展。在这个过程中，劳动者之间的合作和协调变得越来越重要。新质生产力的发展以企业为载体，以产业为形式。产业是社会分工不断发展的产物，也是形成新质生产力的具体表现形式。

在新质生产力时代，劳动者素质的提高将推动产业的深度转型升级。高素质的劳动者能够更好地适应产业发展的需求，推动产业结构的优化升级。他们能够运用自己的知识和技能，开发出更加先进和高效的产品和服务，满足消费者的需求。同时，他们还能够积极参与企业的创新和发展，为企业带来更多的机遇和挑战。

在这个过程中，我们需要充分发挥劳动者的主体作用，不断加强教育和培训，提高劳动者的素质。同时，我们还需要加强企业的管理和创新，为劳动者提供更好的发展机会和平台。

第七章
更高技术含量的劳动资料

劳动资料将具备更高技术含量，它们的应用不断被改进，成为推动生产力水平飞速提高的重要力量。

劳动资料，作为劳动者在生产过程中所运用的劳动手段，是划分经济时代的标志。马克思曾经指出：“各种经济时代的区别，不在于生产什么，而在于怎样生产，用什么劳动资料生产。”劳动资料不仅是人类劳动力发展的测量器，而且是劳动借以运行的社会关系的指示器。因此，先进劳动资料的出现是新质生产力形成的标志，生产资料的不断改进代表了生产力水平的提高。

回顾历史，我们可以清晰地看到劳动资料不断改进的过程。从原始社会的石器，到奴隶社会的铜、铁器，再到封建社会的简单机械，每一次劳动资料的改进都带来了生产力水平的飞跃。到了资本主义社会，机器的出现更是标志着劳动资料的一次革命性飞跃。机器的广泛应用极大地提高了生产效率，推动了社会生产力的不断进步。

三次工业革命的形成也是生产资料不断进步的表现。从蒸汽时代到电气时代，再到信息时代，生产资料都实现了质的飞跃。蒸汽机的发明和应用开启了第一次工业革命，电气技术的广泛应用推动了第二次工业革命，而信息技术的飞速发展则带来了第三次工业革命。每一次工业革命都伴随着生产资料的革命性飞跃，推动了社会生产力的飞速提高。

在新质生产力时代，劳动资料的应用将变得更加先进和智能化。人工智能、大数据、云计算等新技术的广泛应用将推动劳动资料的不断改进和升级（图 7–1）。例如，智能制造系统的应用将使得生产过程更加智能化、自动化，减少人力成本，提高生产效率。同时，这些新技术的应用也将改变生产关系，使得生产更加灵活、高效。

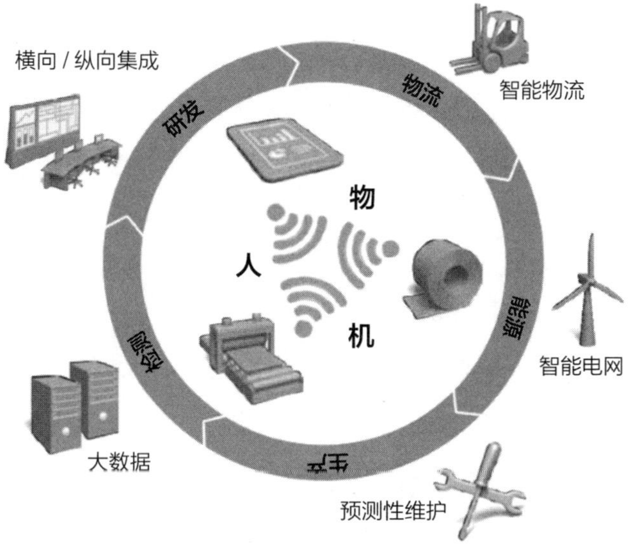

图 7–1　更高技术含量的劳动资料

在这个过程中，我们需要充分发挥劳动资料的作用，不断改进和升级劳动资料，推动生产力水平的不断提高。同时，我们还需要加强技术创新和人才培养，为新质生产力的形成提供有力支持。

劳动资料的应用不断改进，将飞速提高生产力水平，促进新质生产力的形成。让我们携手共进，共同迎接未来的挑战和机遇，以更加开放的心态和更加创新的精神，推动劳动资料的应用不断改进，实现经济社会的可持续发展。

在这个过程中，我们还需要关注劳动资料的可持续发展问题。随着劳动资料的应用不断改进，我们需要更加关注资源的合理利用和环境保护问题。我们需要采用更加环保和可持续的生产方式，减少对自然资源的消耗和破坏，保护生态环境，实现经济社会的可持续发展。

第八章
更广范围的劳动对象

劳动对象的范围正以前所未有的速度不断扩大，它不仅包括了简单可见的自然界物质，还延伸到了海洋和太空等无数未知的领域。

让我们想象一下，劳动对象最初只是简单可见的自然界物质，比如泥土、石头、树木等。这些物质是人类最早的劳动对象，它们见证了人类从原始社会到现代社会的漫长历程。然而，随着科技的进步和人类智慧的不断拓展，劳动对象的范围也在不断扩大。我们开始探索海洋的深处，发现那些隐藏在海底的珍贵资源；我们仰望星空，将目光投向了遥远的太空，寻找那些未知的星球和宇宙奥秘。

在这个过程中，未知的自然界物质逐渐成了劳动对象，它们被引入生产过程。这些未知的物质不仅具有独特的物理和化学属性，还经过加工形成了新的物质资料。这些新的物质资料不仅丰富了我们的生活，还推动了生产力水平的不断提高。

然而，劳动对象的范围不断扩大并不只是意味着我们能够加工更多的物质。在这个过程中，市场也逐渐成了一种必不可少的生产资料，它同样具有劳动对象的属性。市场是一个复杂而动态的系统，它包含了无数的信息、需求和供给。在市场中，信息充分交换，各种要素充分流动，这不仅提高了生产质量效率和资源配置效率，还避免了无效生产对生产力的破坏。

市场中出现的对于多样化、绿色化和品质化的需求，也会反向刺激新技术的产生以及生产的转型升级。这种良性循环促进了新质生产力的形成。市场孕育了新技术，新技术又开拓了新市场，这样的循环往复推动着生产力水平的不断提高。

在新质生产力时代，劳动对象的范围不断扩大，它们不仅包括了自然界物质，还包括了市场这样的无形资产。这些劳动对象共同构成了一个复杂而动态的生产系统，它们相互作用、相互影响，推动着生产力水平的不断提高。

例如，近几年在全球兴起的元宇宙。元宇宙无疑为发展数字经济提供了新机遇、新动能，被业内认为将成为数字经济下一个新增长点，成为引领数字经济发展的新引擎，将开启数字经济新一轮的产业布局。

元宇宙是以大数据、云计算、区块链、人工智能等数字化技术为关键生产要素，以移动互联网、5G、物联网等现代信息网络为重要载体，实现现实世界与虚拟世界的交互与融合，与数字经济的内涵不谋而合。通过布局元宇宙，可以开创新的经济、新的商业模式，乃至衍生新的社会文明。

从元宇宙的特征来看，现实世界发生的一切都将同步到虚拟世界中，而虚拟世界的行为和事物也将回馈到现实世界，为现实世界中的经济、社会带来影响。就数字产业化领域而言，在虚拟世界里，通过现实世界的虚拟平行，实现数字化的真实体验，增强实体体验丰富度；在现实世界里，通过真实化的数字体验，以虚拟形式提高实际生产效率，创造更多的价值（图 8–1）。

图 8-1　元宇宙的内涵

由实向虚。数字产业化仍属于现实世界的事物，虽然它也应用“数字孪生”（Digital Twin）技术，但数字产业化里的数字孪生主要是现实世界向虚拟世界的映射，通过在虚拟世界对生产过程、生产设备的控制来模拟现实世界的工业生产。而元宇宙则比数字孪生更具广阔的想象力，元宇宙所反映的虚拟世界不仅仅有现实世界的映射，还具有现实世界中尚未实现甚至无法实现的体验与交互。

由虚向实。元宇宙更加重视虚拟空间和现实空间的协同联动，从而实现虚拟操作指导现实生产制造。例如，在产品设计方面，通过元宇宙平台可控制产品应用时的环境因素，并基于在元宇宙平台中设计的产品模型对产品各零部件的作用方式做出直观、精准的模拟，能够有效验证产品性能，让工业产品的虚拟化达到可以实际生产的水平。由此一来，相比现阶段利用工业软件进行产品设计，元宇宙技术下的研发设计将在更大程度上提高产品开发效率、降低产品开发成本，并提高一次制造成功率，使产品在市场上更具备竞争力（图 8-2）。

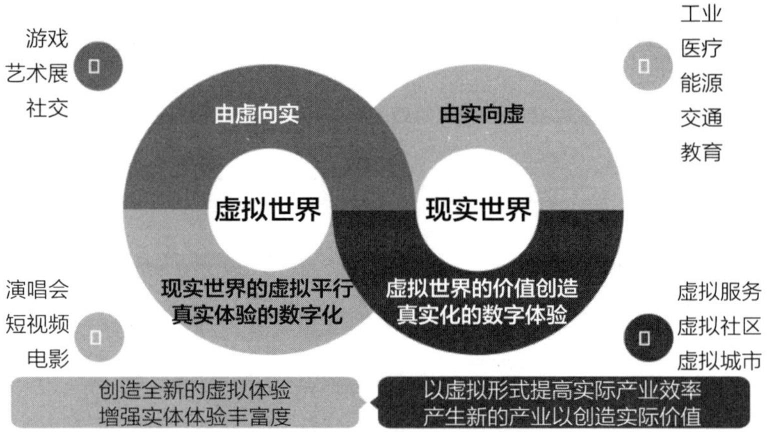

图 8-2　元宇宙的发展路径

著名咨询公司安诺析思国际咨询公司（Analysis Group）[①]预计，未来十年内元宇宙经济规模将高达 3 万亿美元，麦肯锡公司更是预测其将达到 5 万亿美元。截至目前，全国已有北京、上海、重庆、深圳、广州、杭州、武汉、厦门等 22 个城市在“十四五”规划、政府工作报告中提及了元宇宙，或出台了元宇宙产业发展规划和扶持政策。

数字经济中的产业数字化主要是基于新一代信息技术与先进制造技术深度融合，贯穿于设计、生产、管理、服务等制造活动的各个环节，是致力于推动制造业数字化、网络化、智能化转型升级的新型生产方式。工业产品的制造过程也是效

① 安诺析思国际咨询公司是一家全球领先的经济咨询公司，成立于 1981 年，总部位于美国波士顿。——编者注

率、成本、质量、客户满意度的平衡与优化，在元宇宙里，通过在虚拟空间的协同工作和模拟运行来指导实体工业高效运转，赋能工业各环节、场景，使工业企业达到降低成本、提高生产效率的目的，促进企业内部以及企业之间高效协同，助力工业高质量发展，实现数字经济的进一步升级。

展望未来，元宇宙的应用场景将实现产业数字化全生命周期覆盖，"由虚向实"和"由实向虚"双路径将指导和推进研发设计、生产制造、设备运维、产品测试等工业流程的优化和效率提升。

（一）研发设计的协同交互

在元宇宙里，更强调个人的创意，既包括客户、消费者的需求，也包括企业管理人员、企业普通员工的创意，然后逐步从不确定性向确定性转化。在元宇宙里，由于网络空间能力的提升，可以让生产者与客户、消费者建立起更强大的沟通场景和更好的沟通模式，用户也可以在元宇宙平台上参与产品设计并体验其设计的产品，经过用户的深层参与，使产品更加贴近用户需求，并能在更大程度上增强用户体验。例如，企业可以利用虚拟化技术更好地展现产品，展现生产能力和保障能力，为企业赢得市场的订单。

进入元宇宙时代，协同无所不在。元宇宙能够打破地域限制，支持多方协同设计，例如设计师与设计师、工艺人员、仓库物流员的协同，企业人员与相关供应链的协同，企业人员与客户、消费者甚至管理机构的协同，从而取得更佳的沟通效果。

（二）生产流程的优化提升

通过元宇宙应用场景，生产制造人员能够沉浸式体验虚拟智能工厂的运营过程，通过与虚拟智能工厂中的设备、产线进行实时交互，可以更加直观、便捷地优化生产流程、开展智能排产。

未来的产业数字化生产，基于元宇宙技术可以实时跟踪智能工厂生产过程中的任何变动，可以在虚拟智能工厂中进行模拟，预测生产状态，实现生产流程优化。例如，据媒体报道，宝马公司与英伟达公司正开展虚拟工厂相关合作，宝马公司引入英伟达公司元宇宙平台，实现 31 个工厂协同生产，集成这些工厂的各种技术、应用和数据，使得生产能力显著性改进，有望将生产效率提高 30%。

（三）设备运维的远程实时

产业数字化中的设备运维主要是利用大数据和人工智能技术，对设备建模并采集不同时段的大量应用数据，经过机理分析而实现的预测性维护。而基于元宇宙的设备运维能够打破空间限制，在元宇宙的虚拟空间中，运维人员将不受地域限制，在生产设备出现问题时，能够实现远程实时确认设备情况，及时反馈修复问题，有效提高设备运维响应效率和服务质量。

还有一些大型装备，往往需要定期巡检。早期它们只能通过人工方式进行巡检，随着信息化和数字化的不断推进，逐渐出现了借助信息化辅助工具以及数字化自动化巡检的方式进行巡检，一定程度上降低了信息偏差，提高了巡检效率。未来，在元宇宙中，AR（增强现实）等智能眼镜设备广泛使用后，巡检人员可以直接看到数字化设备的实时数据和相关预警信息，使得巡检工作加速向沉浸式体验的方式进化。

（四）产品测试的提质增效

产品检测是确保产品质量的重要环节，也是产业数字化不可或缺的环节。利用元宇宙技术在虚拟环境开展试验验证和产品性能测试，通过虚实结合的方式实现物理空间和虚拟空间的同步测试，可以完成应用标准高、测试要求复杂的产品测试。

元宇宙里，可以更加直观地感受产品的内外部变化，提高测试认证效率和准确性。例如，汽车碰撞模拟、氢能源汽车高温环境使用模拟、汽车电池在极寒地区的使用寿命等，均可让企业用较低的成本完成环境条件要求较高的测试，缩短测试周期，提高认证效率。

在这个过程中，人工智能等革命性技术突破发挥了至关重要的作用。它们不仅提高了生产效率，还改变了生产方式和生产关系。人工智能技术的应用使得生产过程更加智能化、自动化，减少了人力成本，提高了生产效率。同时，它也改变了生产关系，使得生产更加灵活、高效。

在新质生产力时代，我们面临着前所未有的机遇和挑战。机遇在于，我们可以通过不断创新和发展，推动生产力水平的不断提高，实现经济社会的可持续发展。挑战在于，我们需要面对不断变化的市场环境和技术变革，适应新的生产方式和生产关系。

在这个过程中，我们需要充分发挥劳动对象的作用，不断拓展劳动对象的范围，推动生产力水平的不断提高。同时，我们还需要加强市场建设，完善市场机制，提高市场效率，为新质生产力的形成提供有力支持。

第九章
三要素优化组合的跃升

劳动者、劳动资料、劳动对象这三个要素在相互作用中实现了优化组合的跃升是新质生产力的基本内涵。优化组合比创新更重要（图 9–1）。

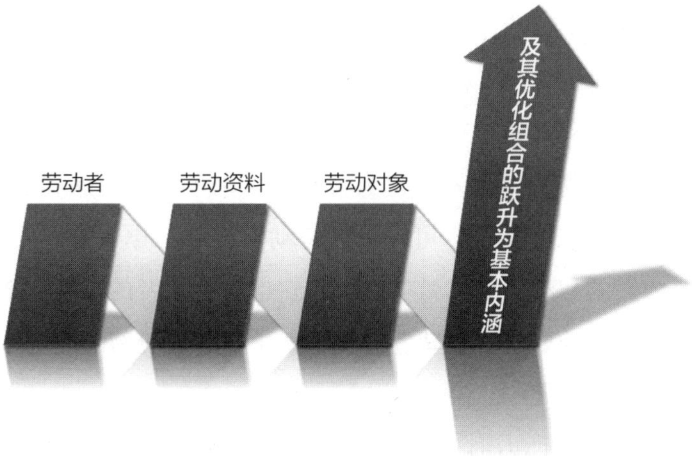

图 9–1　新质生产力的基本内涵

一、劳动者与劳动资料的相互作用

随着人工智能等技术的革命性突破，我们正站在一个新时代的门槛上。这个新时代，生产要素能够实现创新性配置，产业迎来深度转型升级，新质生产力时代已经悄然来临。在这个时代，劳动者与劳动资料的相互作用将变得更加紧密和复杂，它们共同推动着生产力水平的不断提高。

自动化和智能化设备的引入是新质生产力时代的一个重要特征。这些设备不仅能够提高生产效率，还能够减少失误操作，降低生产成本。然而，它们的引入也对劳动者提出了更高的要求。劳动者需要掌握新的技能和知识，才能熟练地操作这些设备，发挥它们的最大效能。

在这个过程中，劳动者的创新能力将发挥重要作用。当劳动者具备足够的专业知识和技能时，他们能够提出改进生产工具和方法的建议，推动技术进步。他们的创新思维和实践能力将为劳动资料的改进和创新提供源源不断的动力。

人工智能技术的发展也为劳动者带来了新的机遇和挑战。一方面，人工智能技术可以帮助劳动者提高工作效率和质量，减轻他们的劳动强度；另一方面，它也对劳动者的技能和知识提出了更高的要求。劳动者需要不断学习和适应新的技术，才能在这个新时代中立足。

在新质生产力时代，劳动者与劳动资料的相互作用将变得更加紧密和复杂。劳动者需要不断学习和适应新的技术，提高自己的技能和知识水平。同时，劳动资料也需要不断改进和创新，以适应劳动者的需求和推动生产力的发展。

在这个过程中，我们需要充分发挥劳动者和劳动资料的潜力，实现二者的和谐共生。我们需要加强教育和培训，提高劳动者的技能和知识水平。同时，我们还需要加强技术研发和创新，推动劳动资料的改进和创新。

二、三要素的系统优化

在新质生产力时代，劳动者的技能、劳动资料的先进性以及劳动对象的多样性将得到充分整合。通过这种整合，整个生产过程可以实现更高的效率和更低的误差。例如，通过数字化管理系统连接设计、生产和管理，实现信息的即时更新和流畅传递，从而实现整体效能的最大化。

劳动者的创意和技能是推动劳动资料革新的重要力量。他们能够根据生产需求和市场变化，提出改进生产工具和方法的建议，推动技术进步。同时，新的劳动资料又能提升劳动者的工作效率和创新能力，形成创新驱动的良性循环机制。

在这个过程中，我们还需要关注劳动者的权益和福利问题。随着三要素的系统优化变得更加紧密和高效，劳动者对自身权益和福利的要求也将不断提高。我们需要加强劳动保护和保障，为劳动者提供更好的工作环境和待遇，让他们能够更加安心和舒心地工作。

在新质生产力时代，三要素的系统优化将成为推动生产力水平飞速提高的关键。让我们携手共进，共同迎接未来的挑战和机遇，以更加开放的心态和更加创新的精神，推动三要素的系统优化，实现经济社会的可持续发展。

三、反馈机制的形成

在新质生产力时代，生产过程中应建立有效的反馈机制，及时调整生产策略和配置资源。实时监控生产线的运行状态，一旦发现问题，劳动者可以迅速响应并采取措施，实时反馈调整。这种反馈机制不仅能够提高生产效率，还能够降低生产成本，提高产品质量。

生产系统中的每一个环节都应该强调学习和改进的重要性。劳动者需要不断学习和适应新的技术，提高自己的技能和知识水平。同时，他们还需要不断改进生产工具和方法，推动技术进步。这种学习和改进的过程将形成一个良性的循环机制，推动生产力水平的不断提高。

技术升级是新质生产力时代的重要特征。通过技术升级，我们可以持续学习和改进，确保劳动资料始终保持在最优状态。例如，我们可以采用更加先进的自动化机械和智能系统，提高生产效率和质量。同时，我们还可以采用环保技术和可再生能源技术，减少环境污染和资源消耗，推动绿色生产，实现可持续发展。

第 三 篇
新经济
PART 3

技术进步是推动经济增长的核心动力，其中广义技术进步对经济增长的贡献被称为“索洛剩余”。这一概念由诺贝尔经济学奖得主罗伯特·索洛提出，用于衡量在资本和劳动投入之外，由技术进步带来的经济增长部分。索洛剩余反映了技术创新、管理优化、制度改进等广义技术进步对经济增长的综合贡献。

全要素生产率是衡量技术进步对经济增长贡献的重要指标。其中的“全”字具有双重含义：既指全要素生产率的增长率，也指其对经济增长的贡献率。全要素生产率提升意味着生产要素使用效率的提高，即在相同投入下获得更多产出，或使用更少投入获得相同产出。这种效率的提升往往源于技术创新、资源配置优化和生产组织方式的改进。

在新经济形态下，生产要素的创新性配置与全要素生产率的提升相互促进，形成经济增长的新动能。新经济形态突破了传统要素投入的局限，通过数字技术、人工智能等新兴技术的应用，实现生产要素的重新组合和价值创造。这种创新性配置不仅提高了资源使用效率，还催生了新的商业模式和产业形态，为经济增长注入持续动力。

技术进步与新经济形态的融合发展，正在重塑经济增长的轨迹。在这个过程中，全要素生产率的提升既是目标也是手段，推动经济向更高质量、更有效率、更可持续的方向发展。这种发展模式不仅能够带来经济总量的增长，更能实现经济结构的优化和增长质量的提升。

第十章
无形经济：塑造未来的新力量

在新经济时代，我们正经历着一场深刻的经济变革。这场变革不仅仅是技术的更新，更是经济形态的全面升级，它正在孕育出一种全新的经济形态——无形经济。无形经济，这一新经济角度，正以其独特的魅力和强大的生命力，引领着经济发展的新方向，为经济的未来注入新的活力。

一、无形经济的诞生：从有形经济向无形经济的转变

无形经济的诞生，源于经济形态的深刻变革。农业经济、工业经济是物质形态，是有形经济；数智经济是非物质形态，是无形经济。从有形经济向无形经济转变，是新质生产力的集中表现。这种转变不仅仅是技术的更新，更是经济形态的全面升级。

无形经济主要体现在生产要素、产品形态和整个生产交换过程的去物质化。生产要素去物质化，数字劳动、数字空间和数据资本有效替代劳动要素、土地要素和资本要素，实现机器换人、网络换地、数据换资，缓解了有形物质化生产要素的有限性约束，实现了无形非物质化生产要素的无限复制和无限供给。产品形态去物质化，数智技术的持续涌现，加速产品形态的信息化、数字化、智能化。整个生产交换过程去物质化，在数智时代，企业在以技术、知识、管理等进行生产交换的同

时，数据成为关键生产要素，企业以无形的数据要素生产无形的数据产品，以无形的数据产品交换到无形的数据产品（数字货币），即形成“无形生产无形”“无形交换无形”的“生产—交换”范式（图 10–1）。

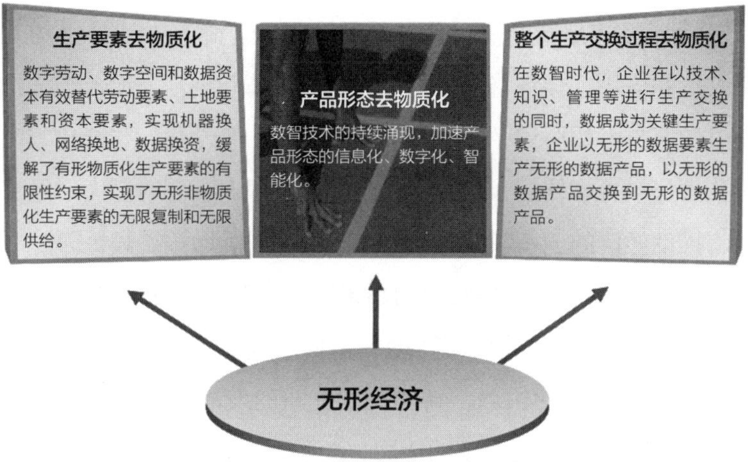

图 10–1　无形经济

二、无形经济的实践：数字劳动、数字空间和数据资本的替代

无形经济的实践，体现在数字劳动、数字空间和数据资本的替代上。数字劳动通过人工智能、机器人等技术的应用，实现了生产过程的自动化和智能化。数字空间通过虚拟现实、增强现实等技术的应用，实现了产品形态的信息化、数字化、智能化。数据资本通过大数据、云计算等技术的应用，实现了

生产要素的无限复制和无限供给。

无形经济的实践，不仅提高了生产效率和产品质量，还降低了生产成本和资源消耗，为经济的可持续发展奠定了坚实基础。同时，无形经济的实践还推动了经济产业的创新和发展，为经济带来新的增长点和机遇。

无形经济是新经济时代的革命性飞跃。随着数智技术的不断发展和应用，经济将迎来更加深刻的变革和创新。无形经济将通过数智技术的应用，实现经济的线上化、个性化、智能化，为消费者提供更加便捷、高效、优质的经济服务。同时，无形经济还将推动经济的创新和发展，为经济带来新的增长点和机遇。

无形经济也是经济发展的新未来。无形经济的发展，将推动经济的全面升级、全面转型、全面创新。无形经济的发展，将为经济带来新的机遇、新的挑战、新的发展空间。无形经济的发展，将为经济注入新的活力、新的动力、新的生命力。

第十一章
网络经济：连接供需，创造无限价值

在数字化浪潮汹涌澎湃的当下，网络经济正以前所未有的态势重塑着我国经济的版图，已然成为我国经济发展进程中熠熠生辉的新形态、蓬勃兴起的新产业以及强劲有力的新动力，不仅为我国经济增长开拓出全新的路径，还正在源源不断地提供新的增长点。它就同一股充满生机的活力源泉，为我国经济的未来发展注入了澎湃不息的动力。

一、网络经济的崛起与发展

网络经济并非一蹴而就，而是在信息技术飞速发展的时代背景下逐渐孕育而生。回顾其发展历程，自互联网技术诞生以来，网络经济便开启了萌芽之旅。早期，互联网主要应用于科研与军事领域，但随着技术的普及与民用化，电子商务平台、社交网络、在线服务等新兴业态如雨后春笋般涌现，网络经济的雏形初现端倪。进入 21 世纪，移动互联网的迅猛发展更是为网络经济的腾飞插上了翅膀，智能手机的广泛普及，使得人们能够随时随地接入网络，网络经济的触角得以深入社会生活的各个角落。

在我国，网络经济的发展呈现出欣欣向荣的态势。从电子商务的蓬勃兴起到数字金融的异军突起，从共享经济的风靡一时到在线教育、远程医疗等领域的不断拓展，网络经济的版图持续扩张。以阿里巴巴、京东等为代表的电商巨头，通过搭建便捷高效的网络购物平台，改变了人们的消费模式，推动了商品流通的数字化变革。据相关数据显示，近年来我国网络零售市场规模持续增长，2024 年全国网上零售额达 15.3 万亿元，同比增长 11.5%。在数字金融领域，支付宝、微信支付等第三方支付平台的广泛应用，极大地提升了支付效率，降低了交易成本，促进了金融服务的普惠化。在共享经济领域，共享单车、共享汽车、共享办公等模式的出现，实现了资源的高效配置，满足了人们多样化的需求。

二、网络经济的核心效应：同边与跨边网络效应

（一）同边网络效应

同边网络效应在网络经济中扮演着至关重要的角色。它主要体现在同一侧用户群体内部，随着该群体用户数量的持续增加，每个用户从网络中所获得的价值也会相应提升。以社交网络平台如微信为例，最初只有少数人使用时，其社交功能相对有限，用户之间的互动也较为匮乏。然而，如今微信的用户已突破 10 亿大关，此时用户在微信上不仅能够与亲朋好友保持紧密联系，还能通过加入各种群组拓展社交圈子，参与丰富多样的线上活动。对于企业而言，更多的用户意味着更广阔的市场推广空间，企业可以通过微信公众号、小程序等渠道精准

触达目标客户，开展营销活动。同样，在游戏行业，一款网络游戏的玩家数量越多，玩家在游戏中能够体验到的竞技乐趣、社交互动就越丰富，游戏的吸引力也就越大。玩家可以组队开黑[①]、参与公会战[②]等，这种同边网络效应使得游戏的用户黏性大幅增强。

（二）跨边网络效应

跨边网络效应则是在不同侧用户群体之间发挥作用。具体表现为，随着一方用户数量的增加，另一方用户从网络中获取的价值也会随之上升（图 11–1）。以电商平台为例，电商平台连接着商家和消费者两侧用户群体。当平台上的消费者数量不断增多时，对于商家而言，意味着更大的市场需求和销售机会，商家更愿意入驻平台，并提供丰富多样的商品和优质的服务。而随着商家数量的增多，商品种类更加丰富，价格竞争更加充分，消费者能够享受到更多的选择和更优惠的价格，从而进一步吸引更多消费者使用该电商平台。又如在线旅游平台，一端连接着酒店、景区等旅游服务提供商，另一端连接着游客。当平台上的游客数量增加时，旅游服务提供商能够获得更多的订单，进而更愿意在平台上投入资源，提供更好的服务和优惠政策。而更多优质的旅游服务和优惠，又会吸引更多游客选择该平台，从而形成良性循环。

---

① 组队开黑是指玩家在游戏过程中通过语音或面对面交流，与其他玩家进行游戏的行为。——编者注

② 公会战是游戏中一种团队竞技活动，玩家通过组建公会参与战斗，争夺资源和奖励。——编者注

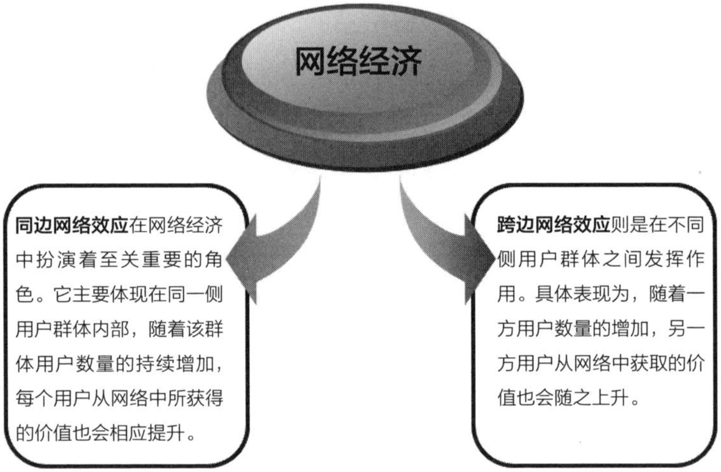

图 11-1　网络经济

三、网络效应对供需两侧的价值倍增影响

（一）推动市场创新与发展

同边网络效应和跨边网络效应所带来的供需两侧价值倍增，犹如一双有力的大手，强劲地推动着市场的持续创新与发展。在价值倍增的激励下，企业为了在激烈的市场竞争中脱颖而出，不断加大在技术研发、产品创新、服务升级等方面的投入。以智能手机行业为例，随着移动互联网的普及，智能手机用户数量呈爆发式增长，同边网络效应显著。手机厂商为了满足用户日益多样化的需求，不断推出新的功能和设计。从高清摄像头的升级到屏幕显示技术的革新，从更快的处理器速度到

更便捷的交互方式创新，每一次的产品创新都吸引了更多用户购买，进一步扩大了用户群体，强化了同边网络效应。同时，跨边网络效应也在发挥作用，随着智能手机用户的增多，应用开发者看到了巨大的市场潜力，纷纷投入各类手机应用的开发中。从社交、娱乐到办公、学习，各种类型的应用如潮水般涌现，丰富了智能手机的功能生态，为用户提供了更多价值，也促进了整个移动互联网市场的繁荣发展。

（二）促进经济全面升级、转型与创新

这种价值倍增效应不仅局限于单个行业或市场，更是在宏观层面促进了我国经济的全面升级、转型与创新。在产业升级方面，传统制造业通过与互联网技术的深度融合，实现了智能化生产、数字化管理和网络化营销。例如，一些汽车制造企业利用物联网技术实现了生产线上设备的互联互通，实时监控生产过程，提高了生产效率和产品质量。同时，通过电商平台直接面向消费者销售产品，减少了中间环节，降低了销售成本。在经济转型方面，网络经济推动了我国经济从传统的资源依赖型向创新驱动型转变。大量新兴的互联网企业凭借创新的商业模式和技术应用迅速崛起，成为经济增长的新引擎。以共享经济为例，它打破了传统的资源占有模式，通过互联网平台实现资源的共享与高效利用，推动了绿色经济的发展。在创新方面，网络经济营造了开放、包容的创新环境，促进了不同领域、不同行业之间的跨界融合与创新。如医疗与互联网的结合催生了远程医疗、在线问诊等新业态，教育与互联网的融合带

来了在线教育的蓬勃发展，为人们提供了更加便捷、高效的医疗和教育服务。

四、网络效应与规模经济、范围经济的协同关系

（一）规模经济的交叉实现

同边网络效应和跨边网络效应的产生，有力地推动了供给侧和需求侧的规模经济协同共存。在供给侧，随着用户数量的增加，企业的生产规模得以扩大，单位生产成本降低。以电商平台上的商家为例，当平台用户增多，商家的订单量大幅上升，商家可以通过大规模采购原材料、优化生产流程等方式降低生产成本，实现规模经济。同时，在需求侧，随着网络用户数量的增加，消费者的购买能力和购买需求也相应增强，形成了强大的市场需求规模。例如，当一款热门电子产品在网络上受到广泛关注和追捧时，大量消费者的购买行为会促使企业扩大生产规模，进一步降低成本，从而使得消费者能够以更优惠的价格购买到产品，实现了供给侧和需求侧规模经济的交叉。这种交叉不仅有利于企业提高生产效率和市场竞争力，也为消费者带来了更多的福利。

（二）范围经济的交叉融合

除了规模经济，网络效应还促进了供给侧和需求侧范围经济的交叉。在供给侧，企业借助网络平台的优势，可以拓展

产品和服务的范围。以互联网科技巨头腾讯为例，最初以即时通信软件 QQ 起家，随着用户数量的积累和网络效应的发挥，腾讯逐渐拓展业务范围，涉足游戏、社交网络、数字金融、在线视频等多个领域。通过整合不同业务之间的资源和技术，实现了协同发展，降低了运营成本，提高了企业的赢利能力。在需求侧，消费者在同一网络平台上可以满足多种需求，享受到一站式的服务体验。例如，在淘宝电商平台上，消费者不仅可以购买服装、食品等各类生活用品，还可以购买旅游产品、预订酒店、购买保险等，实现了需求侧的范围经济。这种供给侧和需求侧范围经济的交叉融合，进一步提升了网络经济的效率和价值，促进了经济的多元化发展。

综上所述，网络经济作为我国经济发展的新形态、新产业、新动力，其蕴含的同边网络效应和跨边网络效应深刻地影响着供需两侧，带来了价值倍增的显著效果，推动了市场创新、经济升级转型与创新，并与规模经济、范围经济形成了协同共进的良好局面。在未来，随着信息技术的不断进步和网络经济的持续发展，我们有理由相信，网络经济将在我国经济发展中发挥更为重要的作用，助推我国经济迈向更加繁荣昌盛的新征程。

第十二章
异质经济：数智时代的新引擎

异质经济的诞生，源于小规模异质化生产的兴起。在数智时代，小规模异质化生产利用通用技术和通用资产进行通用生产，提高异质化、范围化生产效率，极大地降低生产成本，实现异质化生产成本节约。这种小规模异质化生产的兴起，打破了传统的规模化生产的市场格局，使得个性化、异质化的需求得到了极大的满足。

小规模异质化生产的兴起，使得企业生产决策打破了物理空间的限制，促使其在数字空间追求“三零一无”[①]的最优解，实行“千人千面”的精准生产。这种精准生产的实现，不仅提高了生产效率，还降低了生产成本，为消费者提供了更加个性化、异质化的产品和服务（表 12–1）。

表 12–1　传统大规模生产与异质经济

生产方式	传统大规模生产	小规模异质化生产（异质经济）
管理理念	以产品为中心，以低成本赢得市场	以顾客为中心，以快速响应赢得市场
驱动方式	根据市场预测安排生产，属推动式的生产方式	根据客户定点安排生产，属拉动式的生产方式

① “三零一无”在数字空间中指的是“零”发案社区、“零”隐患单位、“零”违规区域和管理控制“无”感知创建活动。——编者注

续表

核心	通过稳定性和控制力取得高效率	通过灵活性和快速响应来实现多样化和定制化
战略	成本领先战略：通过降低成本、提高生产效率获取竞争优势	差异化战略：通过快速反应、提供个性化的产品获取竞争优势
目标	以低价格开发、生产、销售、交付产品和服务	以多样化和定制化开发、生产、销售，交付顾客买得起的产品和服务

在医疗领域，人工智能利用机器智能模拟、延伸和拓展人的智能，有效汇集、整合数以千万计的教科书、医学文献、患者病历和医生经验数据，通过数据增强、迭代升级训练、提升模型性能，利用训练好的模型对患者数据进行处理、分析，做出初步诊断，提供众多供医生参考的治疗方案。医生结合患者相关临床数据，在众多治疗方案中寻找更加个性化、精准化的治疗方案及治疗恢复情况预测，以此建立包括患者病情分析、治疗方案选择、治疗结果预测的全流程的智能化、异质化解决方案。这种智能化、异质化解决方案的提供，不仅提高了医疗服务质量，还降低了医疗成本，为患者提供了更加个性化、精准化的医疗服务。

算法技术是异质经济发挥作用的技术底座。一方面，用户可以利用算法推荐技术，根据其个性化、异质化需求生成文本内容。如，DeepSeek 可以根据用户异质化要求快速、即时生成文献综述、研究计划、程序代码等，在大大节约体力劳动和脑力劳动成本的同时，极大提高了劳动效率。另一方面，企业可以基于“数字痕迹”向用户提供异质化的内容、商品和服务推荐。如，网易云音乐会根据用户平时听歌风格、时间、频率和喜欢的歌手等数据，实时分析用户的听歌偏好，为每位用户推荐个性化歌曲，满足异质化需求，进而增强用户的使用黏性。

异质经济是个性化生产革命的新未来。随着数智技术的不断发展和应用，经济将迎来更加深刻的变革和创新。异质经济将通过数智技术的应用，实现经济的个性化、精准化、智能化，为消费者提供更加个性化、异质化的产品和服务。同时，异质经济还将推动经济的创新和发展，为经济带来新的增长点和机遇。

第十三章
倍增经济：开启无限可能的新时代

在当今的数智时代，一场前所未有的技术革命正在席卷全球，彻底改变着我们的生活和经济模式。这场革命的关键技术呈现出群体涌现、集成突破、迭代升级、无限叠加和无限组合的特点，表现为“数智技术 ×”和“数据要素 ×”，而由此催生的经济形态则是倍增经济。这是一个充满无限潜力和机遇的新时代，让我们一起深入探索这个令人兴奋的领域。

一、数智技术 ×：点燃经济价值倍增的引擎

数智技术作为一种通用技术，正以前所未有的速度渗透到传统经济的各个领域，如同一场无声的革命，悄然孵化出以数智技术为核心的新经济、新产业和新产品。它的倍增效应主要体现在以下几个方面。

（一）价值创造的无限可能

数智技术打破了传统经济的边界，为价值创造开辟了全新的道路。以故宫博物院为例，基于数智技术，游客可以在微信公众号上欣赏三维立体的数字文物。每一件数字文物都仿佛被赋予了生命，随着用户指尖的滑动而放大、翻转，原本收藏

在博物馆中沉睡的文物瞬间“活”了起来，迸发出数字文物的无限活力。这种创新的体验不仅让游客感受到了传统文化的魅力，更发挥了数智技术的乘数效应，为文化产业带来了新的经济增长点。

（二）传统产业的转型升级

数智技术的渗透不仅为新兴产业带来了机遇，也为传统产业的转型升级提供了强大的动力。在制造业领域，通过引入人工智能、大数据和物联网等技术，企业可以实现生产过程的智能化监控和管理，提高生产效率和产品质量。同时，数智技术还可以帮助企业更好地了解市场需求，实现精准营销和个性化定制，提升企业的市场竞争力。在农业领域，数智技术的应用可以实现农业生产的精准化和智能化，提高农产品的产量和质量，推动农业产业的现代化发展。

（三）新经济形态的孕育

数智技术的发展催生了一系列新的经济形态，如共享经济、平台经济和数字经济等。这些新经济形态以其高效、便捷和创新的特点，迅速改变了人们的生活方式和消费习惯。共享经济让闲置资源得到了充分利用，提高了资源的利用效率；平台经济为企业和个人提供了一个广阔的发展空间，促进了创新和创业；数字经济则成了推动经济增长的新引擎，为经济发展注入了强大的动力。

二、数据要素 ×：释放经济倍增效应的关键力量

如果说数智技术是点燃经济价值倍增的引擎，那么数据要素则是释放经济倍增效应的关键力量。数据要素的倍增效应主要通过以下三种实现路径来体现。

（一）协同优化：实现全局最优解

从“互联网 +”到“数据要素 ×”，我们正在经历一场从基于数据生成和传递的互联互通向基于数据有效应用的全局优化的转变。在这个过程中，数据要素不断与劳动、土地、资本等生产要素融合，赋能、优化和协同这些生产要素，实现数据流引领技术流、资金流、人才流。通过对数据的深入分析和挖掘，企业可以更好地了解市场需求和客户需求，优化生产流程和供应链管理，提高资源配置效率，探寻在资源约束下的“最优解”。

例如，一家制造企业可以通过收集和分析生产过程中的数据，优化生产工艺和设备维护计划，降低生产成本和提高产品质量。同时，企业还可以利用数据分析市场需求和竞争对手的情况，制定更加精准的市场营销策略，提高市场占有率。在这个过程中，数据要素与其他生产要素的协同优化，实现了企业的价值最大化。

（二）复用增效：推动数据无限复用

从“互联网 +”到“数据要素 ×”，我们也正在经历一场

从基于互联网技术在千行百业的应用向基于数据要素在千行百业无限复用的转变。数据的低边际成本使得“数据要素 × 企业”“数据要素 × 行业”“数据要素 × 产业”的作用得以充分发挥。通过对数据的复用和整合，企业可以在不同的业务场景中实现数据的价值最大化，从而提高企业的经济效益和竞争力。

以医疗行业为例，患者的数据不仅可以帮助医生进行精准治疗，还可以帮助医药企业进行新药品的研发，同时也可以帮助保险公司针对各用户形成差异化保险定价。这种数据的无限复用，不仅提高了医疗资源的利用效率，也为医疗行业的创新发展提供了有力支持。在其他行业中，如金融、交通、教育等，数据的复用增效也同样发挥着重要的作用，推动着各个行业的数字化转型和发展。

（三）融合创新：激发数据的创新潜力

从“互联网 +”到“数据要素 ×”，我们还正在经历一场从基于数据叠加汇集支撑的效率提升向多结构多来源数据融合驱动的创新涌现的转变。通过对企业的散点数据、行业或领域的条带数据进行多维整合，形成大规模块状数据，实现企业间、行业间数据的跨界融合。这种跨界融合发挥了数据多维度、多领域、多行业的跨界优势，推动了数据的规模经济效应、范围经济效应和网络经济效应，以量变引发质变，提升了创新能力。

例如，一家电商企业可以通过整合用户的购买行为数据、浏览数据和评价数据等，深入了解用户的需求和偏好，从而进行精准的商品推荐和个性化营销。同时，企业还可以与供应商进行数据共享和协同创新，共同开发满足市场需求的新产品。这种数据的融合创新，不仅为企业带来了新的商业机会，也为消费者提供了更好的产品和服务体验。

三、倍增经济：塑造未来经济的新蓝图

数智时代的倍增经济正在重塑我们的经济格局，为未来经济的发展描绘出一幅宏伟的蓝图。在这个新时代，数智技术和数据要素的融合将成为推动经济增长的核心动力，为各行各业带来前所未有的机遇和挑战。

对于企业来说，要积极拥抱数智时代的变革，加强数智技术的研发和应用，提升企业的数字化水平和智能化能力。同时，企业还要重视数据要素的管理和利用，建立完善的数据治理体系，提高数据的质量和安全性。通过对数智技术和数据要素的有效整合，企业可以实现创新发展和价值提升，在激烈的市场竞争中立于不败之地。

对于政府来说，要加强对数智时代的战略规划和政策引导，营造良好的数字经济发展环境。政府要加大对数智技术研发和应用的支持力度，推动数字基础设施的建设和完善，加强数据安全和隐私保护的法律法规建设。同时，政府还要积极推动数字经济与实体经济的深度融合，促进产业升级和经济转型，实现经济的高质量发展。

对于个人来说，要不断提升自己的数字素养和技能水平，适应数智时代的发展需求。个人要学会利用数智技术和数据资源，提升自己的工作效率和生活质量。同时，个人还要增强对数据安全和隐私保护的意识，保护自己的合法权益。

第四篇

新业态

PART 4

新业态作为新质生产力的具象化表达，是推动经济高质量发展的重要引擎。它深刻体现了技术革命性突破、生产要素创新性配置和产业深度转型升级的有机统一，是新时代产业变革的核心驱动力。

从本质上看，新质生产力主要包含两大核心内容：战略性新兴产业和未来产业。这两大领域的发展不仅代表着科技创新的前沿方向，更是推动产业结构优化升级的关键力量。具体而言，新质生产力通过三条主要路径实现其价值：一是对传统产业的改造提升，二是对新兴产业的培育壮大，三是对未来产业的超前布局。

新业态的蓬勃发展具有显著特征：创新活跃度高、技术密集性强、发展前景广阔。这些特征使其在国民经济和社会发展中扮演着不可替代的角色。一方面，新业态通过应用新技术不断壮大新兴产业和未来产业，为经济发展注入新动能；另一方面，它通过数字化、智能化等手段改造提升传统产业，推动传统产业焕发新生机。

在实践层面，新业态的发展呈现出多元化态势。在战略性新兴产业领域，新一代信息技术、生物技术、新能源、新材料等产业快速崛起；在未来产业方面，量子信息、基因技术、未来网络等前沿领域正在孕育突破。同时，传统制造业通过智能化改造，服务业通过数字化转型，农业通过科技赋能，都在实现质的飞跃。

这种全方位的产业变革不仅带来了经济增长点的多元化，更重要的是推动了整个经济体系的质量变革、效率变革和动力变革。新业态的发展正在重塑产业格局，重构价值链，为经济高质量发展提供持久动力。在这个过程中，技术创新、模式创新和制度创新的协同推进，将不断释放新质生产力的巨大潜能，推动产业结构向更高级、更优化的方向演进。

第十四章 改造提升传统产业

改造提升传统产业是利用数智技术对农业、制造业、服务业进行全面融合、改造、提升而形成的产业，即促进传统产业“脱胎换骨”。这一变革不是简单的技术叠加，而是通过数字技术的深度应用，重构传统产业的生产方式、组织形态和商业模式。

在农业领域，智能传感器、物联网、大数据等技术正在重塑农业生产方式。精准农业系统通过实时监测土壤、气候等数据，实现农作物的精准种植和智能管理。农产品溯源系统建立起从田间到餐桌的全程可追溯体系，提升了农产品质量和安全水平。制造业的智能化转型更为显著。工业互联网平台实现了设备互联、数据互通和业务协同，推动制造业向柔性化、智能化、服务化方向发展。数字孪生技术的应用，使产品设计、生产制造和运营维护的全生命周期管理成为可能。服务业在数智技术的赋能下焕发新生。线上线下融合的新零售模式重构了商业生态，智能客服、无人配送等创新应用提升了服务效率和质量。传统服务业正在向个性化、智能化方向转型升级。

第一节
新质农业：
传统农业的华丽转身与乡村振兴的新篇章

在新时代的浪潮中，传统农业正经历着一场深刻的变革。这场变革不仅是技术的更新，更是农业产业的全面升级，它正在孕育出一种全新的农业形态——新质农业。新质农业，这一新兴产业，正以其独特的魅力和强大的生命力，引领着农业发展的新方向，为乡村振兴注入了新的活力。

一、新质农业的诞生：数智技术与传统农业的深度融合

新质农业的诞生，源于数智技术与传统农业的深度融合。互联网、大数据、人工智能等前沿技术的广泛应用，为传统农业插上了科技的翅膀，使其焕发出新的生机。通过“互联网 +”“数据要素 ×”等数智技术，农业实现了无限下沉，为农村电商的发展注入了强大动力。

在新质农业中，手机不再仅仅是通信工具，而是成了新农具，农民可以通过手机随时随地了解市场信息、学习农业知识、管理农业生产。直播也不再仅仅是娱乐方式，而是成了新农活，农民可以通过直播展示自己的农产品、分享自己的种植经验、与消费者互动交流。数据也不再仅仅是冷冰冰的数字，而是成了新农资，农民可以通过数据分析了解农作物的生长状

况、预测市场趋势、做出科学决策。农民也不再仅仅是传统意义上的农民，他们通过自己的努力和智慧，成了乡村振兴的带头人和引领者。带货也不再仅仅是简单的销售行为，而是成了新时尚，农民通过带货不仅能够销售自己的农产品，还能够推广自己的品牌、传播自己的文化。

新质农业的出现，使得农田不再仅仅是生产粮食的地方，而是成了景区，农民可以通过发展乡村旅游、休闲农业等方式，让农田变得更加美丽、更加有吸引力。农房也不再仅仅是居住的地方，而是成了客房，农民可以通过发展民宿、农家乐等方式，让农房变得更加舒适、更加有特色。产品也不再仅仅是简单的农产品，而是成了礼品，农民可以通过包装、设计等方式，让产品变得更加精致。

二、新质农业的实践：精准农业的创新与发展

新质农业的实践，体现在精准农业的创新与发展上。在农业生产过程中，农民可以利用传感设备动态追踪监测农作物的生长状况和生长环境，对收集数据进行存储、分析，计算农作物最佳生长状况和最佳生长环境，遥控喷头调整水和肥料的施用量，形成自监督、自分析、自决策的精准农业。

精准农业的实施，使得农业生产更加高效、更加精准、更加可持续。通过精准农业，农民可以减少水资源的浪费、减少化肥的使用、减少农药的喷洒，从而降低农业生产成本、提高农产品质量、保护生态环境。精准农业的实施，也

使得农业生产更加智能化、更加自动化、更加数字化。通过精准农业，农民可以实现农业生产过程的全程监控、全程管理、全程追溯，从而提高农业生产效率、提高农产品竞争力、提高农民收入。

新质农业是我国农业发展的新形态、新产业、新动力。新质农业的发展，不仅为我国农业经济发展提供了新的增长点，也为我国乡村振兴注入了新的活力。新质农业的发展，不仅提升了我国农业的整体实力，还为我国农业的未来发展奠定了坚实基础。

展望未来，新质农业将继续保持快速发展的态势。随着技术的不断进步和市场的不断扩大，新质农业将迎来更加辉煌的明天。

第二节
新质制造业：
智能制造引领制造业转型升级的新篇章

新质制造业的诞生，源于智能制造的崛起。智能制造通常由多个智能车间组成，这些车间通过先进的信息技术、自动化技术、人工智能技术等前沿技术的融合应用，实现了生产过程的透明化、可视化、精益化和智能化。在新质制造业中，生产过程不再是传统的手动操作，而是由智能设备和系统自主完成。这些智能设备和系统能够实时监控生产过程，自动调整生产参数，确保生产过程的高效、稳定和可靠。

新质制造业的智能车间不仅实现了生产过程的智能化，还有效整合了产品检测、质量检验、销售物流等环节。通过智能制造、智能检测、智能质检和智能物流的集成应用，新质制造业实现了从生产到销售的全过程智能化管理。这种智能化管理不仅提高了生产效率和产品质量，还减少了生产成本和资源消耗，为制造业的可持续发展奠定了坚实基础。

新质制造业的实践，体现在无人工厂和黑灯工厂的出现。它们是新质制造业的典型代表，通过高度智能化的生产设备和系统，实现了生产过程的无人化和自动化。

在无人工厂中，智能设备和系统能够自主完成生产任务，无须人工干预。这些智能设备和系统能够实时监控生产过程，自动调整生产参数，确保生产过程的高效、稳定和可靠。在黑灯工厂中，智能设备和系统能够在黑暗的环境下自主完成生产任务，无须人工照明。这种无人化和自动化的生产方式，极大地解放了人的体力和脑力，提高了生产效率和产品质量。

新质制造业代表着工业 4.0 时代的到来。工业 4.0 是第四次工业革命的代名词，它代表了制造业的未来发展方向。在工业 4.0 时代，制造业将实现全面的智能化、网络化和数字化。新质制造业作为工业 4.0 的重要组成部分，将在未来的制造业发展中发挥重要作用。

第三节
新质服务业：
数智技术引领服务业创新升级的新篇章

新质服务业的诞生，源于数智技术与服务业的深度融合。数智技术，包括大数据、人工智能、云计算等前沿技术，正在深刻改变着服务业的业态和模式。

以数字教育为例，数智技术推动了教育模式的创新，将教育服务推向了线上虚拟空间。数字教育的出现，极大地增强了教育的普惠性。学生不再需要线下固定时间、固定地点集聚学习课程，而是可以通过互联网随时随地获取教育资源。这种线上学习模式，不仅减少了学习的时间成本和空间成本，还间接提升了教育服务的公平与效率。同时，数字教育还可以将教师录制的课程放置于互联网中，教师一次性录制课程，可供无数学生无限次使用和播放。这种模式下，知识的边际成本很低甚至为零，一定程度上降低了教育服务的成本。

新质服务业的实践，体现在数字教育的创新与发展上。数字教育通过数智技术的应用，实现了教育服务的线上化、个性化、智能化。学生可以根据自己的需求和兴趣选择课程，随时随地进行学习。教师也可以通过数智技术，对学生的学习情况进行实时监控和分析，提供个性化的教学指导。数字教育的实践，不仅提高了教育服务的质量和效率，还推动了教育产业的创新和发展。数字教育企业通过提供优质的在线教育服务，吸引了大量的用户和投资者，形成了一个庞大的数字教育市场。数字教育市场的繁荣，不仅为教育产业带来了新的增长点，还为服务业的创新升级提供了新的动力。

第十五章
发展壮大新兴产业

当前，我国经济发展面临复杂的内外部环境。内部需求收缩、供给冲击、预期转弱三重压力叠加，外部科技发展遭遇打压，国际环境日趋复杂。在此背景下，加快培育和发展战略性新兴产业，已成为推动经济高质量发展的关键举措。

我国正聚焦新一代信息技术、新能源、新材料、高端装备、新能源汽车、绿色环保、民用航空、船舶与海洋工程装备等八大新兴产业。这些产业代表着科技革命和产业变革的方向，是培育发展新动能、获取未来竞争新优势的关键领域。通过发展这些产业，对内可以创造新产品、新服务，激发更多消费需求；对外能够突破“卡脖子”技术约束，增强产业链供应链自主可控能力。

推动战略性新兴产业发展，需要从两个维度发力。一方面，要夯实产业基础能力，着力突破信息技术、人工智能、生物技术、新能源等领域的基础元器件、核心零部件、基础装备、关键基础材料等瓶颈，推动产业由规模扩张向质量提升转变，使战略性新兴产业真正成为国民经济的支柱产业；另一方面，要深化数字赋能，推动新兴技术与传统产业深度融合，打破产业边界，通过数字化、智能化、绿色化改造并提升传统产业，持续优化产业结构。

第一节
新一代信息技术产业：引领数字经济的新基建

近几年来，新一代信息技术产业正以前所未有的速度崛起，成为推动数字经济发展的关键力量。

一、新一代信息技术产业的快速发展

根据工业和信息化部运行监测协调局数据显示，2024年，规模以上电子信息制造业实现营业收入16.19万亿元，同比增长7.3%，营业成本14.11万亿元，同比增长7.5%，实现利润总额6408亿元，同比增长3.4%；软件业完成业务收入13.7万亿元，同比增长10%；通信业业务收入1.74万亿元，同比增长3.2%；电信业务总量同比增长10%，互联网和相关服务业运行平稳。

与此同时，我国在智能终端、信息通信、集成电路设计等领域具有良好产业基础。在软件和信息技术服务业方面，我国在电子器件、信息通信、集成电路、新型显示等领域形成了较为完整的新一代信息技术产业体系。

这些创新突破，不仅为我国新一代信息技术产业的发展提供了有力支撑，也为我国新一代信息技术产业的国际化发展提供了有力支持。同时，这些创新突破，也为我国新一代信息技术产业的未来发展奠定了坚实基础。

二、新一代信息技术产业的生态建设

当前，我国新一代信息技术产业已形成珠三角、长三角、环渤海和中西部四大产业集聚区。珠三角地区新一代信息技术产业初步形成以深圳为研发中心，东莞、惠州等市为生产基地的珠江东岸电子信息产业集聚区。长三角地区新一代信息技术产业形成以电子器件、信息通信、集成电路、新型显示等为代表的新一代信息技术产业体系。环渤海地区新一代信息技术产业主要发展集成电路、新型显示、电子元器件、软件、信息技术服务、云计算、大数据等领域。中西部地区新一代信息技术产业主要发展半导体材料、新型显示、集成电路、电子元器件、智能终端、高端软件等领域。

新一代信息技术产业生态的建设，为我国新一代信息技术产业的发展提供了有力支撑。产业集聚区的形成，为新一代信息技术产业的发展提供了良好的发展环境和广阔的发展空间。这些产业集聚区拥有丰富的电子信息资源和完善的产业链条，为新一代信息技术产业的发展提供了有力支持。

新一代信息技术产业的发展，不仅为我国经济发展提供了新的增长点，也为我国数字经济发展注入了新的动力。新一代信息技术产业的崛起，标志着我国数字经济正朝着高端化、智能化、绿色化的方向发展，为我国经济的可持续发展注入了新的动力。

第二节
新能源产业：引领绿色能源革命的新业态

在当今世界，新能源产业正以前所未有的速度崛起，成为推动能源革命的重要力量。

一、新能源产业的快速发展

2025 年 1 月 23 日，国家能源局举行新闻发布会，介绍新型储能发展、油气勘探开发和绿证核发等有关情况，解读《分布式光伏发电开发建设管理办法》并回答记者提问。在会上，新能源和可再生能源司副司长潘慧敏表示，从规模体量看，累计装机方面，截至 2024 年底，分布式光伏发电累计装机达 3.7 亿千瓦，达到 2013 年底的 121 倍，占全部光伏发电装机的 42%。新增装机方面，2024 年分布式光伏发电新增装机达 1.2 亿千瓦，占当年新增光伏发电装机的 43%。发电量方面，2024 年分布式光伏发电量 3462 亿千瓦时，占光伏发电量的 41%。分布式光伏发电已经成为能源转型的重要力量。

新能源产业的快速发展，不仅为我国经济发展提供了新的增长点，也为我国能源结构的优化注入了新的动力。新能源产业的发展，不仅提升了我国能源的安全保障能力，还为我国能源的可持续发展奠定了坚实基础。

二、新能源产业的创新突破

以沙漠、戈壁、荒漠地区为重点的大型风电光伏基地建设进展顺利，第一批 9705 万千瓦基地项目已全面开工，部分已建成投产，第二批基地部分项目陆续开工，第三批基地已形成项目清单。陆上 6 兆瓦级、海上 10 兆瓦级风机已成为主流，量产单晶硅电池的平均转换效率已达到 23.1%。

这些创新突破，不仅为我国新能源产业的发展提供了有力支撑，也为我国新能源产业的国际化发展提供了大力支持。同时，这些创新突破也为我国新能源产业的未来发展奠定了坚实基础。

三、新能源产业的生态建设

据国际能源署（IEA）最新数据，2025 年一季度，全球新增光伏装机容量中，中国企业提供的组件占比达 83.7%。锂电池领域，中国企业市场份额达到 71.6%，风电设备为 69.3%。这三大领域构成了新能源制造的核心，中国企业在全球新能源供应链中扮演着绝对主导角色。不仅如此，在硅料、硅片、逆变器等上下游关键环节，中国企业的市场份额更是高达 90% 以上。这种全产业链、全环节的主导地位，堪称现代工业史上的奇迹。

新能源产业生态的建设，为我国新能源产业的发展提供了有力支撑。新模式新业态的涌现，为新能源产业的发展提供了新的动力。全球新能源产业重心进一步向中国转移，为我国新能源产业的国际化发展提供了新的机遇。

四、新能源产业的空间布局

当前，我国新能源产业已形成多个大型风电光伏基地，成为区域经济发展的新引擎。这些基地拥有丰富的风能和太阳能资源，为新能源产业的发展提供了有力支持。

新能源产业的空间布局，为我国新能源产业的发展提供了有力支撑。这些基地的产业集聚效应，为新能源产业的发展提供了良好的发展环境和广阔的发展空间。

五、新能源产业的未来展望

新能源产业的发展，不仅为我国经济发展提供了新的增长点，也为我国能源结构的优化注入了新的动力。新能源产业的崛起，标志着我国能源正朝着绿色、低碳、可持续的方向发展，为我国经济的可持续发展注入了新的动力。

新能源产业是我国国民经济的重要组成部分，也是我国科技创新的重要领域。展望未来，我国新能源产业将继续保持快速发展的态势。随着技术的不断进步和市场的不断扩大，新能源产业将迎来更加辉煌的明天。

第三节
新材料产业：引领未来发展的战略新兴产业

纵观全球，新材料产业正以前所未有的速度崛起，成为推动经济可持续发展的重要力量。新材料产业是关系国家安全和发展大局的战略性、基础性、先导性产业。目前，我国已形成全球门类最齐全、体系较为完整、规模第一的材料产业体系，先进储能材料、光伏材料、超硬材料等新材料产能居世界前列。

一、新材料产业的快速发展

2024 年 12 月 17 日，从工业和信息化部举行的“标准提升引领原材料工业优化升级”新闻发布会上获悉，当前我国新材料产业规模不断壮大，2024 年 1 月至 11 月，新材料产业总产值同比增长 10% 以上，预计全年将超过 8 万亿元，该产值连续 14 年保持两位数增长。稀土功能材料、先进储能材料、超硬材料等一大批新材料规模居世界前列。

新材料产业的快速发展，不仅为我国经济发展提供了新的增长点，也为我国制造业的转型升级注入了新的动力。新材料产业的发展，不仅提升了我国制造业的整体实力，还为我国制造业的未来发展奠定了坚实基础。

二、新材料产业的创新突破

我国新材料领域建立了 6 个国家制造业创新中心，布局建设生产应用示范、测试评价、资源共享三类共计 32 个国家新材料重点平台。一批重大关键材料取得突破性进展，涌现了一批原创性前沿技术。例如，铝合金薄板等应用于 C919 大飞机；第二代高温超导材料，支撑了世界首条 35 千伏千米级高温超导电缆示范工程上网通电运行。

这些创新突破，不仅为我国新材料产业的发展提供了有力支撑，也为我国新材料产业的国际化发展提供了有力支持。同时，这些创新突破，也为我国新材料产业的未来发展奠定了坚实基础。

三、新材料产业的生态建设

2024 年 10 月，工业和信息化部、财政部、国家数据局联合印发《新材料大数据中心总体建设方案》，计划到 2027 年，我国搭建形成“1+N”（1 个中心主平台、N 个数据资源节点）新材料大数据中心架构体系，形成 30 个以上数据资源节点、30 项以上材料大数据算法软件和工具、20 种以上典型关键材料和产品的数据赋能应用示范；到 2035 年，我国新材料大数据中心体系全面建成并稳定运行，数据规模进入国际第一梯队。

与此同时，我国政府和企业通过建立产学研用协同创新机制，推动新材料技术研发和应用。2024 年，工业和信息化部建设了生产应用验证、测试评价、资源共享等 30 余个新材料重点平台，提供了超过 2000 次关键材料应用验证和 100 万次测试评价服务，为企业提供了强大的技术支持。

目前，我国新材料规模以上企业数量超过 2 万家，培育了一大批专精特新“小巨人”企业。这些企业在技术创新、市场开拓、国际竞争等方面表现出色，成为推动新材料产业发展的中坚力量。

新材料产业生态的建设，为我国新材料产业的发展提供了有力支撑。专精特新“小巨人”企业和制造业单项冠军企业的培育，为新材料产业的发展提供了强大的动力。大中小企业融通发展生态的形成，为新材料产业的发展提供了良好的发展环境和广阔的发展空间。

四、新材料产业的空间布局

当前，我国新材料产业已形成 7 个新材料类国家先进制造业集群，成为区域经济发展的新引擎。这些产业集群拥有丰富的材料资源和完善的产业链条，为新材料产业的发展提供了有力支持。

第四节
高端装备产业：引领制造业迈向新高度

近年来，我国高端装备制造产业取得了举世瞩目的成就，成为推动制造业转型升级的重要力量。

一、高端装备制造产业的快速发展

2025 年 1 月 21 日，国务院新闻办公室在北京举行“中国经济高质量发展成效”系列新闻发布会，工业和信息化部副部长张云明、工业和信息化部运行监测协调局局长陶青、工业和信息化部信息通信发展司司长谢存介绍“大力推进新型工业化推动经济高质量发展”有关情况，数据显示，2024 年规模以上装备制造业增加值同比增长 7.7%，对全部规上工业增长贡献率达 46.2%。规上高技术制造业增加值同比增长 8.9%，占全部规上工业的比重较 2023 年提高 0.6 个百分点。264 家制造业企业入围中国企业 500 强，占比超过 50%。制造业投资保持较快增长，持续向好的积极因素不断累积。

2024 年，大国重器捷报频传。300 兆瓦级 F 级重型燃气轮机成功点火，高温超导材料支撑世界首条 35 千伏公里级超导电缆连续稳定供电超 1000 天，工业母机、仪器仪表、工业软件等领域突破一批创新性技术和产品……重大创新成果接连涌现，产业科技创新持续推进。

二、高端装备制造业的空间布局

当前，我国高端装备制造业已形成环渤海地区、长三角地区、珠三角地区和中西部地区等多个产业集聚区。这些产业集聚区拥有丰富的装备制造资源和完善的产业链条，为高端装备制造产业的发展提供了有力支持。

高端装备制造业的空间布局，为我国高端装备制造产业的发展提供了有力支撑。这些产业集聚区的产业集聚效应，为高端装备制造产业的发展提供了良好的发展环境和广阔的发展空间。

第五节
新能源汽车产业：驶向绿色未来的辉煌篇章

在我国政府、企业和社会各界共同的努力下，新能源汽车产业正在成为推动经济可持续发展的重要力量。

一、新能源汽车产业的快速发展

2025 年 1 月 13 日，中国汽车工业协会发布 2024 年汽车工业产销情况。其中提到，我国新能源汽车产销量连续 10 年位居全球第一。2024 年，在政策利好、供给丰富、价格降低和基础设施持续改善等多重因素共同作用下，新能源汽车持续增长，产销量突破 1000 万辆。

2024 年，新能源汽车产销分别完成 1288.8 万辆和 1286.6 万辆，同比分别增长 34.4% 和 35.5%，新能源汽车新车销量达到汽车新车总销量的 40.9%，较 2023 年提高 9.3 个百分点。其中，纯电动汽车销量占新能源汽车比例为 60%，较去年下降 10.4 个百分点；插混汽车销量占新能源汽车比例为 40%，较去年提高 10.4 个百分点。插混汽车的增长迅速，成为带动新能源汽车增长的新动能。

二、新能源汽车配套环境的优化

新能源汽车产业的快速发展，离不开配套环境的优化。2025 年 1 月 23 日，国家能源局综合司副司长、新闻发言人张星在新闻发布会上表示，截至 2024 年底，我国充电设施总数达到 1281.8 万台，同比增长 49%；全国高速公路服务区累计建成充电桩 3.5 万台，覆盖率达 98%，充换电基础设施建设速度明显加快。

新能源汽车配套环境的优化，为新能源汽车产业的快速发展提供了有力支撑。充电桩和换电站的建设，解决了新能源汽车充电难的问题，为新能源汽车的普及提供了便利。动力电池回收服务网点的建立，解决了动力电池回收难的问题，为新能源汽车产业的可持续发展提供了保障。

三、新能源汽车产业的空间布局

当前，我国新能源汽车产业主要集聚在珠三角地区、长三角地区、京津冀地区。这些地区拥有丰富的汽车产业资源和完善的产业链条，为新能源汽车产业的发展提供了有力支持。

珠三角地区已形成广州、深圳、佛山等新能源汽车核心集聚区，以及以东莞、惠州、肇庆等为代表的关键零部件及新材料配套项目集中区。长三角地区已然形成以上海为总部，在苏浙皖设立制造基地的联动模式。京津冀地区中，北京新能源汽车产业重点布局在北京经济技术开发区、顺义、昌平、大兴等地，天津新能源汽车产业重点布局在滨海新区、天津经济技术开发区、东丽区、西青区、宁河区等地，河北新能源汽车产业重点布局在保定、沧州等地。

新能源汽车产业的空间布局，为我国新能源汽车产业的发展提供了有力支撑。这些地区的产业集聚效应，为新能源汽车产业的发展提供了良好的发展环境和广阔的发展空间。

第六节
绿色环保产业：绿色崛起的新保障

绿色环保产业，在当今时代的发展进程中占据着举足轻重的地位，其重要性体现在诸多方面。

从生态环境保护角度来看，绿色环保产业是守护地球家园的忠诚卫士。随着工业化与城市化进程加速，环境污染问题日益严峻。环保产业致力于开发各类污染治理技术，例如先进的污水处理技术，能有效净化污水，使其达标排放，保护水资源生态平衡；高效的大气污染防治设备，可大幅降低空气中有害污染物含量，还人们一片湛蓝天空。通过这些手段，环保产业有力地改善了生态环境质量，维护了生态系统的稳定与平衡。

在经济发展层面，绿色环保产业是推动经济转型升级的强劲引擎。它不再局限于传统的污染末端治理，而是涵盖了从环保产品研发、生产到销售，以及环保服务的全产业链。这一产业的崛起，催生了大量新兴经济增长点。环保设备制造产业蓬勃发展，带动钢铁、机械等上游原材料产业革新升级；环保工程建设如火如荼，拉动建筑、建材等行业协同发展。这种产业间的联动效应，为经济增长注入新活力，助力经济向绿色、可持续方向转型。

在社会层面，绿色环保产业关乎民生福祉。一方面，它创造了大量就业岗位，从专业技术研发人员到一线工程施工人员，为不同技能水平人群提供了广阔就业空间，促进社会稳定；另一方面，绿色环保产业推动绿色生活方式普及，如可再生能源的广泛应用，让居民用上更清洁、可持续的能源，提升生活品质。它还是应对全球气候变化、履行国际环保责任的重要支撑，提升了我国在国际环保领域的形象与影响力。

一、全链条环保产业体系的形成

近年来，我国政府高度重视绿色环保产业的发展，通过一系列政策和措施，推动形成了全链条的环保产业体系。这一产业体系涵盖了污染治理和生态修复技术研发、装备制造、设计施工、运行维护等环节，为我国绿色环保产业的发展提供了有力支撑。

在技术研发方面，我国政府鼓励企业加大研发投入，推动环保技术的创新和发展。同时，政府还加强了与高校、科研机构与企业的合作，推动产学研一体化发展，为环保产业提供了强大的技术支持。

在装备制造方面，政府还加强了对装备制造企业的扶持和引导，推动装备制造企业向高端化、智能化方向发展。

二、环保产业营业收入的快速增长

2025 年 4 月 10—12 日，第二十三届中国国际环保展览会（CIEPEC2025）暨第七届生态环保产业创新发展大会在北京举行，大会现场发布的《全国生态环保产业践行“两山”理念服务“双碳”目标经验成果》显示，近年来我国生态环保产业持续壮大，日益成为深入打好污染防治攻坚战的主力军与实现“双碳”目标的生力军。全国生态环境保护产业营收规模突破 2.2 万亿元。截至大会举办时间，生态环保产业已形成覆盖水、大气、固废、土壤、环境监测、生态修复、减污降碳等重点领域的工程、技术、装备与服务体系。全国环保产业中民营企业数量占从业单位总数的 90% 以上，吸纳 80% 以上的就业人员，创造了 70% 以上的技术创新成果，对产业发展的营收贡献超过 60%，税收贡献超过 50%。

环保产业营业收入的快速增长，不仅为我国经济的可持续发展提供了有力支撑，也为我国环保产业的未来发展奠定了坚实基础。

三、环保领域上市公司数量的迅速增长

近年来，环保产业参与主体日益多元化，98 家国资委管理的实业类央企中已有 70 余家企业开展生态环境保护相关工作，超过 25 个省份相继成立环保集团。A 股上市环保公司数量由 2012 年的 86 家增长到目前的近 230 家，为产业发展注入了源源不断的资本活力。

环保领域上市公司数量的迅速增长，不仅为我国环保产业的发展提供了有力支撑，也为我国环保产业的国际化发展提供了有力支持。同时，环保领域上市公司数量的迅速增长，也为我国环保产业的未来发展奠定了坚实基础。

四、环保技术工艺和装备水平的不断提升

近年来，我国环保技术工艺和装备水平呈现出不断提升的态势。电除尘、袋式除尘、脱硫脱硝等烟气治理技术已达到国际先进水平；城镇污水和常规工业废水处理，已形成多种成熟稳定的成套工艺技术和装备；污水深度处理、挥发性有机物（VOCs）治理、固废处理和资源化以及土壤修复领域技术装备水平快速提升；环境监测技术在自动化、成套化、智能化、立体化和支撑管理部门精准监管方面进步显著。

环保技术工艺和装备水平的不断提升，也为我国环保产业的未来发展奠定了坚实基础。

第七节
民用航空产业：翱翔天际的新可能

同样，民用航空产业在现代社会的发展体系中也占据着核心地位。

在经济层面，民用航空产业堪称拉动经济增长的强大引擎。它构建起庞大且复杂的产业链，从飞机的设计、制造，到航空运输服务的提供，再到机场建设及相关配套服务，每个环节都蕴含着巨大的经济价值。飞机制造产业的发展，带动了高端材料、电子设备、精密机械等众多上游产业的技术革新与产能提升。航空运输业的蓬勃发展，促进了旅游业、国际贸易等下游产业的繁荣，加速了人员、物资与信息的全球流动，极大地推动了区域乃至全球经济的增长与融合。

在科技创新领域，民用航空产业是前沿技术的汇聚地与创新的试验田。为了满足航空安全、舒适、高效的需求，该产业不断推动航空发动机、航空材料、航空电子等关键技术的突破。如新型复合材料的研发应用，既减轻了飞机重量，又提升了飞行性能；先进的航空电子系统，实现了更精准的导航与飞行控制。这些科技创新成果不仅提升了民用航空产业自身的竞争力，还对其他领域产生了积极的辐射效应，带动了整个国家科技水平的提升。

在社会发展层面，民用航空产业极大地便利了人们的出行，缩短了时空距离，促进了文化交流与融合。人们能够便捷地跨越大洲大洋，领略不同国家和地区的风土人情。同时，在应对紧急救援、重大自然灾害等特殊情况时，民用航空的快速运输能力同样发挥着不可替代的作用，能够及时将救援物资与人员送达受灾地区，挽救生命、减少损失。此外，该产业还创造了大量不同层次的就业岗位，从高端的科研人才到一线的地勤服务人员，为社会稳定与发展提供了有力支撑。

一、机场网、航线网建设：构建完善的民用航空网络

近年来，民航大力推动机场网、航线网建设，在京津冀、长三角、粤港澳大湾区和成渝等地区布局建设四大世界级机场群。这些机场群的建设，不仅提升了我国民用航空产业的整体实力，也为我国民用航空产业的发展奠定了坚实基础。

二、中西部和支线机场建设：推动民用航空产业均衡发展

为了推动民用航空产业的均衡发展，民航通过政策、资金等多方面支持中西部和支线机场建设。这些机场的建设，不仅提升了中西部和支线民用航空的服务能力，也为我国民用航空产业的发展注入了新的活力。

三、京广大通道全线贯通：提升京津冀和粤港澳大湾区之间航路通行能力

2022 年，历时八年建设的京广大通道实现全线贯通，形成了纵贯南北 2000 多千米的空中大动脉。这条空中大动脉的贯通，不仅提升了京津冀和粤港澳大湾区之间航路通行能力，也为我国民用航空产业的发展提供了有力支持。

四、民用航空产业的硬件设施：打造完善的民用航空服务体系

截至 2023 年 3 月，我国民航拥有运输飞机 4165 架、通用航空器 3177 架、跑道 282 条、航站楼 1800.6 万平方米、机位 7328 个、航油储备能力 341 方，航信系统服务保障率 99.99%，机场总容量达 15 亿人次。这些硬件设施的建设，为我国民用航空产业的发展提供了有力支持。

五、民用航空产业的软件服务：提升民用航空服务品质

为了提升民用航空服务品质，民航不断加强软件服务建设。这些软件服务包括航信系统、机场服务、航空安全等方面的内容，为我国民用航空产业的发展提供了有力支持。

第八节
船舶与海洋工程装备产业：驶向深蓝的中国梦

船舶与海洋工程装备产业作为高端装备制造业的重要组成部分，具有极其重要的地位，主要体现在以下几个方面。

经济贡献：船舶与海洋工程装备产业是一个技术密集、资金密集、劳动密集型产业，产业链条长，关联产业多。它的发展能够带动钢铁、机械、电子等上下游众多产业的协同发展，对国民经济增长的拉动作用显著。同时，船舶出口还能为国家创造大量外汇收入，在国际贸易中占据重要地位。

战略意义：从国防安全角度看，船舶与海洋工程装备是海军装备的重要基础，先进的舰艇、潜艇等装备对于维护国家海洋主权、安全和发展利益至关重要。在海洋资源开发方面，海洋工程装备是开发海洋油气、矿产等资源的关键手段，对于保障国家能源安全和资源供给具有不可替代的作用。

船舶与海洋工程装备产业包括多种先进技术，如船舶设计制造技术、海洋工程装备技术、水下探测与作业技术等。其发展能够推动这些技术的不断创新和进步，提升国家整体技术水平和自主创新能力，很多先进技术还可以应用到其他领域，带动相关产业的技术升级。

国际竞争力：船舶与海洋工程装备产业的发展水平是一个国家综合实力和国际竞争力的重要体现。在全球海洋开发的大背景下，拥有先进的船舶与海洋工程装备制造能力，能够使国家在国际海洋事务和海洋经济竞争中占据有利地位，提升国际话语权和影响力。

一、造船业的辉煌成就

2025 年 1 月 16 日，工业和信息化部发布了我国 2024 年全年造船业的最新数据，中国造船业三大指标（完工量、新接订单量、手持订单量）连续 15 年位居全球第一，市场份额分别高达 55.7%、74.1% 和 63.1%。这意味着全球每交付 10 艘船中，有 5 艘是中国造；每 10 张新订单里，7 张在中国船厂手里。这不仅是对我国造船业实力的肯定，更是对我国海洋工程装备和高技术船舶产业发展的巨大鼓舞。

在这份荣耀的背后，是无数造船人的辛勤付出和智慧结晶。他们以精湛的技艺和创新的精神，将我国造船业推向了世界巅峰。同时，这也离不开国家政策的大力支持和引导。我国政府高度重视海洋工程装备和高技术船舶产业的发展，出台了一系列扶持政策和措施，为造船业的繁荣提供了有力保障。

二、全球造船企业的佼佼者

2024 年的全球造船集团榜单中，中国有 17 家企业上榜，其中中国船舶集团稳居第一，扬子江船业第三，新时代造船紧随其后。而韩国只有四家企业上榜，日本五家，欧洲更是只有四家。这不仅仅是数字的问题，这关乎各国船舶工业的技术实力、市场地位以及背后的国家支持力度。

这些企业的崛起，不仅提升了我国造船业的整体实力，也为全球造船业的发展注入了新的活力。它们以先进的技术和管理水平，赢得了国际市场的认可和尊重。同时，它们也积极参与国际竞争与合作，推动了全球造船业的健康发展。

三、国产大型邮轮的突破

邮轮制造是一个高度复杂和精细的产业，涉及船舶设计、建造、舾装、调试等多个环节。2024 年 1 月 1 日，爱达邮轮有限公司旗下国产首艘大型邮轮“爱达·魔都号”正式从上海吴淞口国际邮轮港启航，开启商业运营。这艘邮轮的正式启航，标志着我国在邮轮制造领域取得了新的突破，不仅提升了我国造船业的技术水平和创新能力，也为我国邮轮旅游产业的发展提供了有力支持。

四、深水导管架平台的创新

2022 年，自主设计建造的亚洲第一深水导管架平台“海基一号”平台主体工程海上安装完工。这标志着我国在深水导管架平台建造领域取得了重大突破。深水导管架平台是一种用于海上油气开采的大型装备，其建造难度和技术要求都非常高。我国在深水导管架平台建造领域的突破，不仅提升了我国海洋工程装备的水平，也为我国海洋油气资源的开发提供了有力支持。

五、智慧渔业大型养殖工船的命名交付

2022 年，全球首艘 10 万吨级智慧渔业大型养殖工船“国信 1 号”命名交付。这艘养殖工船的命名交付，标志着我国在智慧渔业装备领域取得了新的突破。智慧渔业大型养殖工船是一种集养殖、捕捞、加工于一体的大型装备，其建造难度和技术要求都非常高。我国在智慧渔业大型养殖工船建造领域的突破，不仅提升了我国渔业装备的水平，也为我国渔业产业的转型升级提供了有力支持。

六、全球最大集装箱船的交付

2022 年，我国首艘、全球最大 24000TEU（标箱）超大型集装箱船交付。集装箱船是一种用于远洋运输的大型船舶，其建造难度和技术要求都非常高。这艘集装箱船的交付，标志着我国在集装箱船建造领域取得了新的突破。

七、全球最大 LNG 运输加注船的完工交付

2022 年，我国首艘、全球最大液化天然气（LNG）运输加注船“海洋石油 301”号完工交付。这艘 LNG 运输加注船的完工交付，标志着我国在 LNG 运输加注船建造领域取得了新的突破。该艘 LNG 运输加注船的成功建造，充分体现了我国造船业的技术水平和创新能力，也为我国 LNG 产业的发展

提供了有力支持。

◎ 八、三大造船基地的空间布局

当前，我国初步形成长三角、环渤海、珠三角等三大造船基地的空间布局。这三个造船基地各有特色和优势，共同构成了我国造船业发展的强大引擎。

展望未来，我国海洋工程装备与高技术船舶产业的发展前景十分广阔。随着全球海洋资源开发的不断深入和海洋经济的快速发展，海洋工程装备和高技术船舶的需求将不断增加。我国造船业将继续发挥自身优势，不断提升技术水平和创新能力，为全球海洋装备产业链的发展做出更大贡献。

第十六章
积极培育未来产业

在全球科技竞争日趋激烈的背景下，未来产业已成为各国角逐的战略制高点。这些由颠覆性技术驱动的产业虽然尚处于产业化初期，却蕴含着改变世界格局的巨大能量。我国正重点布局元宇宙、脑机接口、量子信息、人形机器人、生成式人工智能、生物制造、未来显示、未来网络、新型储能等九大未来产业，以抢占未来发展先机。

未来产业的显著特征体现在其高度的创新性上。这些产业不仅依赖基础研究的突破，更需要原始性创新和颠覆性创新的支撑。通过构建未来产业孵化区和先导区，推动多种前沿技术的交叉融合，我们正在用“明天”的技术培育“后天”的产业，使其成为驱动经济高质量发展的新引擎。这种创新不仅体现在技术上，更体现在产业形态和商业模式的重构上。颠覆性是未来产业的另一重要特征。虽然这些产业的发展周期长、不确定性高，但一旦前沿技术实现转化，将催生新产品、新业态、新赛道，显著提升国际竞争力。领先的未来产业意味着领先的国际竞争力，这要求我们必须加强基础研究，强化科技创新向产业创新转化的机制，通过超前布局实现“换道超车”，在国际竞争中掌握主导权。绿色化是未来产业的第三个显著特征。绿色前沿技术的涌现正在改变传统生产力发展中高投入、高消耗、高污染的粗放模式。这些技术不断向制造业、服务业渗透，推动形成以绿色技术驱动的制造业和服务业新形态。这种绿色化趋势不仅体现在生产方式的变革上，更体现在整个产业体系的转型升级中，最终将形成绿色化的未来产业生态。

未来产业的发展，不仅关乎经济增长，更关乎国家竞争力的重塑。新质生产力时代，通过前瞻布局和系统推进，构建面向未来的产业体系，才能为高质量发展注入新动能，才能为国际竞争赢得新优势。

第一节
元宇宙：数字经济的下一个支撑点

随着科技的飞速发展，元宇宙这一概念逐渐从科幻小说走入现实，成为全球科技、经济和社会领域的热门话题。元宇宙不仅代表了虚拟现实、增强现实和互联网技术的融合，更预示着一个全新的数字世界的诞生。

近几年来，元宇宙正以其独特的魅力和无限的潜力，成为引领未来科技发展的关键力量。从元宇宙标准化路线图的研究，到元宇宙术语、分类、标识等基础通用标准的研制，再到元宇宙身份体系、数字内容生成、跨域互操作、技术集成等关键技术标准，虚拟数字人、数字资产流转、数字内容确权、数据资产保护等服务标准，工业元宇宙、城市元宇宙、商业元宇宙、文娱元宇宙等应用标准的研究，以及隐私保护、内容监管、数据安全等标准的预研，元宇宙正逐步构建起一个全新的科技生态，开启未来科技的新篇章（图 16–1）。

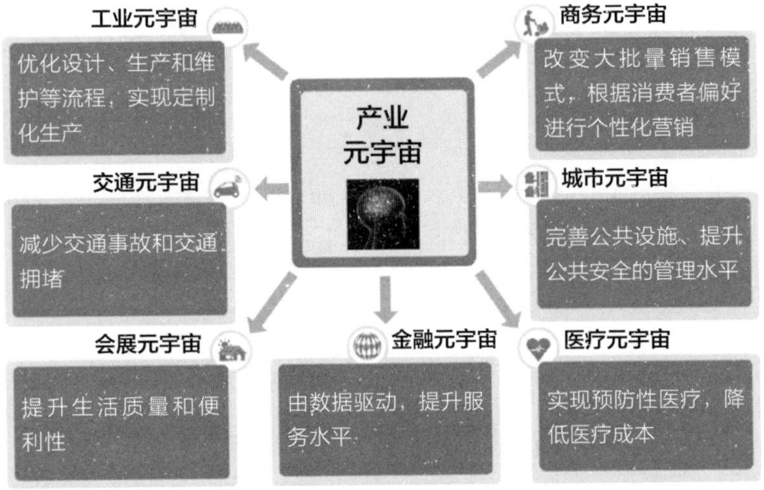

图 16–1　各行各业的元宇宙

一、元宇宙的含义

元宇宙这一概念最早由尼尔·斯蒂芬森（Neal Stephenson）在其 1992 年的科幻小说《雪崩》（*Snow Crash*）中提出，意指一个由计算机生成的虚拟世界，人们可以通过虚拟现实设备在其中进行互动。随着科技的进步，元宇宙的含义逐渐扩展，如今它不仅指代虚拟现实环境，还涵盖了增强现实、互联网、区块链、人工智能等多种技术的融合。简而言之，元宇宙是一个持久的、共享的、三维虚拟空间，用户可以在其中进行社交、娱乐、工作、学习等多种活动。

在技术层面，元宇宙的核心技术构成包括虚拟现实（VR）、增强现实（AR）、混合现实（MR）以及扩展现实（XR）。这些技术通过提供沉浸式的视觉、听觉和触觉体验，使用户能够身临其境地感受虚拟世界。此外，区块链技术为元宇宙提供了去中心化的经济系统，使得虚拟资产的所有权和交易更加透明和安全。人工智能则通过智能代理和自然语言处理技术，增强了虚拟世界中的互动性和个性化体验。

元宇宙的关键特征包括持久性、同步性、互操作性和经济系统。持久性意味着元宇宙中的环境和状态是持续存在的，不会因为用户离线而消失。同步性允许多用户在同一时间、同一虚拟空间中进行实时互动。互操作性则是指不同平台和应用之间的数据和资产可以无缝流动和共享。最后，元宇宙拥有独立的经济系统，用户可以通过虚拟货币进行交易、投资和消费，从而形成一个完整的虚拟经济生态。

二、元宇宙的发展历程

元宇宙的概念虽然近年来才广为人知，但其发展历程可以追溯到几十年前。早在 20 世纪 80 年代，虚拟现实技术就开始萌芽，当时的研究主要集中在军事和航空领域。进入 21 世纪，随着互联网的普及和计算能力的提升，虚拟世界逐渐从科幻走向现实。

2003 年，林登实验室推出的《第二人生》（*Second Life*）被认为是元宇宙的早期雏形。在这个虚拟世界中，用户可以创建虚拟形象、购买虚拟土地、进行社交和经济活动。《第二人生》的成功展示了虚拟世界的巨大潜力，吸引了大量用户和企业参与。然而，由于技术限制和用户体验问题，《第二人生》并未能持续火爆，但其影响深远，为后来的元宇宙发展奠定了基础。

2010年代，随着虚拟现实（VR）和增强现实（AR）技术的突破，元宇宙的概念再次受到关注。2014年，脸书（Facebook已更名为Meta）以20亿美元收购Oculus VR，标志着科技巨头开始布局元宇宙领域。2016年，《精灵宝可梦GO》（*Pokémon GO*）的全球风靡展示了增强现实技术在娱乐和社交方面的巨大潜力。此后，越来越多的科技公司开始投入资源研发元宇宙相关技术，推动了虚拟世界的快速发展。

2020年，全球新冠疫情的暴发加速了元宇宙的发展。由于社交隔离措施，人们开始寻求线上互动和虚拟体验，虚拟会议、虚拟演唱会、虚拟展览等活动层出不穷。2021年，脸书公司宣布全面进军元宇宙，进一步将这一概念推向了公众视野。与此同时，微软、谷歌、腾讯等科技巨头也纷纷宣布各自的元宇宙战略，元宇宙进入了快速发展阶段。

三、元宇宙的当前发展现状

当前，元宇宙的发展呈现出蓬勃的态势，各大科技公司纷纷布局，推出了一系列相关产品和服务。脸书公司是元宇宙领域的领军者，其推出的“地平线世界”（Horizon Worlds）平台允许用户创建虚拟形象、进行社交互动和参与虚拟活动。该公司还推出了奥克卢斯探索（Oculus Quest）系列 VR 头显，为用户提供沉浸式的虚拟现实体验。此外，该公司正在开发 AR 眼镜，旨在将虚拟元素融入现实世界，进一步扩展元宇宙的应用场景。

微软也在积极布局元宇宙，其网状平台（Mesh）允许用户通过虚拟形象进行远程协作和会议。微软的 HoloLens AR 头显已经在企业和教育领域得到广泛应用，展示了元宇宙在提升生产力和学习体验方面的潜力。谷歌则通过其 ARCore 平台和 Google Glass 企业版，推动增强现实技术的发展，为元宇宙的构建提供技术支持。

在游戏领域，罗布乐思和堡垒之夜等平台已经成为元宇宙的重要组成部分（图 16–2）。罗布乐思允许用户创建和分享自己的虚拟世界，吸引了大量年轻用户。堡垒之夜则通过虚拟演唱会和其他虚拟活动，展示了元宇宙在娱乐和社交方面的巨大潜力。游戏《未来帝国》则通过虚拟战场，打造了高逼真、高模拟的宏大场面。此外，史诗游戏公司（Epic Games）正在开发虚幻引擎 5（Unreal Engine 5），旨在为元宇宙提供更加逼真和互动的虚拟环境。

区块链技术在元宇宙中的应用也日益广泛。去中心之地（Decentraland）和沙盒（The Sandbox）等基于区块链的虚拟世界平台，允许用户购买、出售和开发虚拟土地和资产。这些平台通过去中心化的经济系统，确保了虚拟资产的所有权和交易透明性，为用户提供了全新的虚拟经济体验。

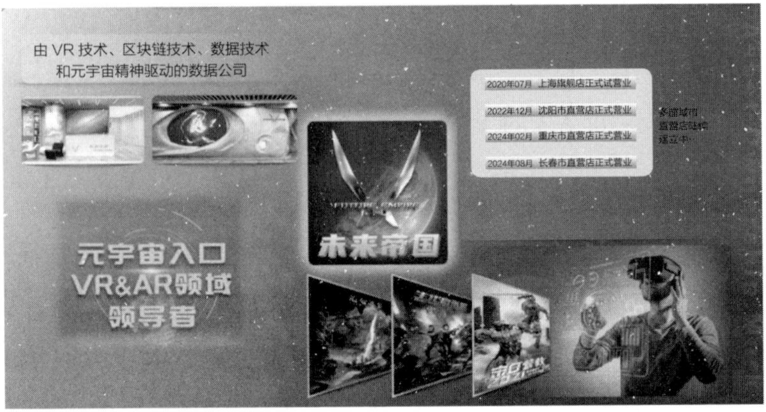

图 16-2　某游戏所展示的元宇宙

四、元宇宙的发展趋势

元宇宙的发展趋势可以从技术、应用场景和用户行为三个方面进行分析。在技术层面，虚拟现实、增强现实和混合现实技术将继续突破，为用户提供更加沉浸和逼真的虚拟体验。5G 和 6G 网络的普及将大幅提升数据传输速度和降低延迟，使得大规模多用户实时互动成为可能。人工智能技术的进步将增强虚拟世界中的智能代理和个性化体验，使得虚拟环境的智能性和互动性更强。

在应用场景方面，元宇宙将逐渐渗透到各个行业。在娱乐和游戏领域，虚拟演唱会、虚拟体育赛事和虚拟旅游将成为常态。在教育领域，虚拟课堂和虚拟实验室将提供更加丰富和具有互动性的学习体验。在医疗领域，虚拟手术和远程医疗将提升医疗服务的效率和质量。在商业领域，虚拟商店和虚拟办公室将改变传统的商业模式，提供更加灵活和高效的工作环境。

在用户行为方面，随着元宇宙的普及，用户的虚拟身份和虚拟资产将变得越来越重要。虚拟社交和虚拟经济活动将成为用户日常生活的一部分。用户将更加注重虚拟世界中的个性化和定制化体验，虚拟形象、虚拟服装和虚拟家居等将成为新的消费热点。此外，用户将更加关注虚拟世界中的隐私和安全问题，推动相关技术和政策的完善。

五、元宇宙对经济社会发展的促进作用

元宇宙作为一种未来产业，对经济社会发展的促进作用主要体现在以下几个方面。

首先，元宇宙将推动技术创新和产业升级。虚拟现实、增强现实、区块链和人工智能等技术的融合和发展，将催生新的技术突破和应用场景。这些技术的进步不仅将推动元宇宙本身的发展，还将带动相关产业的升级和转型。例如，虚拟现实技术的进步将推动娱乐、教育、医疗等行业的创新；区块链技术的应用将提升金融、物流等行业的透明度和效率。

其次，元宇宙将促进经济增长和就业创造。虚拟商品和服务、虚拟房地产、虚拟广告和虚拟金融等新兴经济形态，将为经济增长提供新的动力。根据花旗银行的预测，到 2030 年，元宇宙的经济规模可能达到 8 万亿至 13 万亿美元。此外，元宇宙将创造大量的就业机会，涵盖技术开发、内容创作、虚拟

经济管理等多个领域。这些就业机会不仅将提升就业率，还将推动劳动力市场的结构优化和技能提升。

再次，元宇宙将提升社会福祉和生活质量。虚拟社交和虚拟社区将提供新的社交方式和社交体验，打破地理和时间的限制，增强社会的连接性和包容性。虚拟教育和虚拟医疗将提升教育和医疗资源的可及性和公平性，促进社会的公平和正义。虚拟办公和虚拟会议将改变传统的工作方式，提供更加灵活和高效的工作环境，提升工作满意度和生活质量。

最后，元宇宙将促进全球化和跨文化交流。虚拟世界中的无国界特性将促进全球范围内的交流和合作，推动全球化和跨文化理解。虚拟旅游和虚拟展览将提供全新的文化体验和认知方式，促进文化的多样性和包容性。此外，元宇宙将推动全球经济的融合和协同发展，促进全球经济的稳定和繁荣。

第二节
脑机接口：未来科技的无限可能

脑机接口（Brain-Computer Interface, BCI）技术是一种革命性的科技，通过直接连接大脑与外部设备，实现了大脑与计算机或其他电子设备之间的信息交换。这项技术的核心在于捕捉和解读大脑产生的电信号，并将其转化为可执行的指令，从而控制外部设备或进行信息传递。脑机接口的基本原理涉及神经科学、电子工程和计算机科学等多个学科，其技术实现主要包括信号采集、信号处理和指令执行三个步骤。

在信号采集阶段，脑机接口系统通过电极或其他传感器捕捉大脑活动产生的电信号。这些电极可以是非侵入式的，如脑电图（EEG）电极，贴在头皮上；也可以是侵入式的，如微电极阵列，直接植入大脑皮层。侵入式方法虽然能获得更高分辨率的信号，但存在手术风险和稳定性问题。非侵入式方法则相对安全，但信号质量相对较低。

信号处理阶段是将采集到的原始脑电信号进行放大、滤波和数字化处理，以提取出有用的特征信息。这一过程通常涉及复杂的算法和机器学习技术，用于脑电模式的识别和分类。例如，通过分析特定频率范围内的脑电波变化，系统可以识别用户的意图，如移动光标或选择菜单项。

指令执行阶段是将处理后的信号转化为具体的控制命令，传递给外部设备执行。这些设备可以是计算机、机器人、人造肢体或其他电子装置。例如，瘫痪患者可以通过脑机接口控制机械臂进行日常活动，或通过脑控打字系统与他人交流。

脑机接口技术的发展历程可以追溯到20世纪70年代，当时科学家们首次尝试通过脑电信号控制简单的外部设备。随着技术的进步，特别是计算能力和信号处理算法的提升，脑机接口的应用范围得到了显著扩展。近年来，脑机接口技术在医疗康复、神经增强和智能交互等领域展现出巨大的潜力，成为未来科技发展的重要方向之一。

一、脑机接口的发展趋势

脑机接口技术的发展趋势主要体现在技术创新、应用领域扩展和市场前景三个方面。

在技术创新方面，近年来涌现出许多突破性进展。例如，柔性电子技术的发展使得电极可以更加贴合大脑表面，提高了信号采集的精度和稳定性。纳米技术的应用则使得电极尺寸进一步缩小，减少了对脑组织的损伤。此外，人工智能和机器学习算法的进步显著提升了信号处理的效率和准确性，使得脑机接口系统能够更快速地识别和响应用户的意图。

在应用领域扩展方面，脑机接口技术正从医疗康复逐步向更广泛的领域渗透。在医疗领域，除了帮助瘫痪患者恢复运动功能外，脑机接口还被用于治疗癫痫、抑郁症等神经系统疾病。在教育领域，脑机接口技术可以用于开发新型的学习工具，帮助学生提高注意力和记忆力。在娱乐领域，脑机接口游戏和虚拟现实体验正在成为新的消费热点。在军事领域，脑机接口技术被用于开发脑控无人机和增强士兵的认知能力。

在市场前景方面，脑机接口技术正逐渐从实验室走向商业化。根据市场研究机构的预测，全球脑机接口市场规模将在未来几年内快速增长，预计到2030年将达到数百亿美元。这一增长主要得益于技术进步、应用领域扩展和投资增加。许多科技巨头和初创企业纷纷投入巨资研发脑机接口产品，推动了市场的快速发展。例如，神经连接公司（Neuralink），正在开发高带宽的脑机接口系统，旨在实现人脑与计算机的无缝连接。另一家初创公司同步公司（Synchron）则专注于开发无须开颅手术的脑机接口设备，已获得美国食品药品监督管理局批准进行临床试验。

然而，脑机接口技术的商业化仍面临诸多挑战。首先是技术成熟度问题，目前的脑机接口系统在信号采集和处理方面仍存在局限性，难以满足大规模应用的需求。其次是成本和可及性问题，脑机接口设备的制造成本较高，且需要专业人员进行安装和维护，限制了其普及程度。最后，伦理和法律问题也是脑机接口技术商业化的重要障碍，如隐私保护、数据安全和责任归属等。

尽管面临挑战，脑机接口技术的市场前景依然广阔（图16–3）。随着技术的不断进步和应用领域的扩展，脑机接口有

图 16–3　各国纷纷布局脑机接口

望在未来成为一项重要的基础设施，深刻改变人类的生活和工作方式。例如，在智能家居领域，脑机接口可以实现意念控制家电，提高生活便利性。在工业领域，脑机接口技术可以用于远程操控机器人和自动化设备，提高生产效率和安全性。在交通领域，脑机接口技术可以用于开发脑控汽车和飞行器，实现更智能和安全的交通系统。

二、脑机接口作为未来产业的潜力

脑机接口技术作为未来产业，具有巨大的潜力，其产业化路径和商业模式正在逐步清晰。首先，脑机接口的产业化路径可以分为三个阶段：技术研发、产品化和市场推广。

在技术研发阶段，重点是突破关键技术瓶颈，如提高信号采集的精度和稳定性、优化信号处理算法、开发低功耗和高可靠性的硬件设备。这一阶段需要大量的研发投入和跨学科合作，涉及神经科学、电子工程、计算机科学等多个领域。

在产品化阶段，脑机接口技术需要从实验室走向实际应用，开发出符合市场需求的产品。这一阶段的关键是解决产品的可制造性、可重复性和成本控制问题。例如，开发出适合大规模生产的电极材料和制造工艺，设计出用户友好的界面和操作流程，确保产品的安全性和可靠性。此外，还需要建立完善的质量控制体系和售后服务体系，提高用户满意度和市场接受度。

在市场推广阶段，脑机接口产品需要通过多种渠道进入市场，包括医疗机构、教育机构、娱乐公司和军事部门等。这一阶段的关键是制定有效的市场营销策略，提高产品的知名度和美誉度。例如，通过与医疗机构合作，开展临床试验和示范应用，展示产品的疗效和优势；通过与教育机构合作，开发新型的学习工具和教学方法，提高学生的学习效果；通过与娱乐公司合作，开发脑机接口游戏和虚拟现实体验，吸引消费者的兴趣和参与。

在商业模式方面，脑机接口技术可以采用多种赢利模式，如产品销售、服务订阅、数据分析和定制化解决方案等。产品销售是最直接的赢利模式，通过销售脑机接口设备和配件获取收入。服务订阅则是通过提供持续的技术支持和软件更新，获取稳定的现金流。数据分析则是通过收集和分析用户的脑电数据，提供个性化的健康管理和认知增强服务，获取增值收入。定制化解决方案则是根据客户的具体需求，提供量身定制的脑机接口系统和应用方案，获取高额利润。

脑机接口技术的产业化还面临一些挑战和机遇。挑战主要包括技术成熟度、成本控制、市场接受度和伦理法律问题。技术成熟度方面，目前的脑机接口系统在信号采集和处理方面仍存在局限性，难以满足大规模应用的需求。在成本控制方面，脑机接口设备的制造成本较高，且需要专业人员进行安装和维护，限制了其普及程度。在市场接受度方面，消费者对脑机接口技术的认知和接受度较低，在需要加强市场教育和推广。在伦理法律方面，脑机接口技术涉及隐私保护、数据安全和责任归属等复杂问题，需要制定相应的法律法规和行业标准。在机遇方面，脑机接口技术的产业化将带来巨大的经济和社会效益。

在医疗领域，脑机接口可以帮助瘫痪患者恢复运动功能，治疗神经系统疾病，提高生活质量。在教育领域，脑机接口可以开发新型的学习工具，提高学生的学习效果和认知能力。在娱乐领域，脑机接口可以开发脑机接口游戏和虚拟现实体验，提供全新的娱乐方式。在军事领域，脑机接口可以开发脑控无人机和增强士兵的认知能力，提高作战效能。此外，脑机接口技术的产业化还将带动相关产业链的发展，如电极材料、信号处理芯片、人工智能算法等，创造大量的就业机会和经济增长点。

三、脑机接口对经济社会的促进作用

脑机接口技术作为一项革命性的科技，不仅在医疗、教育、娱乐和军事等领域展现出巨大的应用潜力，还对经济社会发展产生了深远的影响。首先，脑机接口技术对经济增长的贡献不容忽视。随着技术的不断进步和商业化进程的加速，脑机接口市场预计将在未来几年内快速增长，成为新的经济增长点。这一增长不仅体现在脑机接口设备和服务的直接销售收入上，还体现在相关产业链的发展上，如电极材料、信号处理芯片、人工智能算法等。这些产业链的蓬勃发展将带动大量的投资和创新，进一步推动经济增长。

其次，脑机接口技术对就业市场的影响也是显著的。随着脑机接口技术的产业化，将创造大量的就业机会，包括研发、制造、销售、服务等多个环节。例如，脑机接口设备的研发需要大量的科学家和工程师，制造需要熟练的技术工人，销售和服务需要专业的市场营销和售后人员。此外，脑机接口技术的应用还将催生新的职业和岗位，如脑机接口数据分析师、脑机接口应用开发工程师等。这些新的就业机会将有助于缓解就业压力，提高就业质量。

在社会结构方面，脑机接口技术的应用将带来深刻的变化。首先，脑机接口技术可以提高人们的生活质量，特别是在医疗领域。脑机接口技术作为一项革命性的科技，不仅在医疗、教育、娱乐和军事等领域展现出巨大的应用潜力，还对经济社会发展产生了深远的影响。

第三节
量子信息：未来科技的璀璨星辰

量子信息科学是近年来迅速发展的前沿领域，它结合了量子力学和信息科学，具有革命性的潜力。量子信息利用量子态的特性进行信息的编码、传输和处理，突破了经典信息处理的极限，为信息技术的发展开辟了新的道路。本节旨在全面分析量子信息的含义、发展趋势及其作为未来产业对经济社会发展的促进作用。

一、量子信息的含义

量子信息科学是一门新兴的交叉学科，结合了量子力学和信息科学，旨在利用量子系统的独特性质进行信息的编码、传输和处理。量子信息的基本概念源于量子力学中的叠加态和纠缠态。在经典信息中，信息的基本单位是比特（bit），包含0或1两种状态。而在量子信息中，信息的基本单位是量子比特（qubit），它可以同时处于0和1的叠加态。这种叠加态使得量子计算机能够并行处理大量信息，从而在某些计算任务上远超经典计算机。

量子纠缠是量子信息中的另一个核心概念。当两个或多个量子比特处于纠缠态时，它们的状态是相互关联的，无论它们相隔多远。这种非局域关联性为量子通信和量子密码学提供了新的可能性。例如，量子密钥分发（QKD）利用量子纠缠和量子态不可克隆的特性，可以实现理论上绝对安全的通信。

量子信息的主要分支包括量子计算、量子通信和量子传感。量子计算利用量子比特的叠加和纠缠特性，进行高效的信息处理。量子算法，如Shor算法和Grover算法，展示了量子计算机在因数分解和数据库搜索等任务上的巨大优势。量子通信则利用量子态进行信息的传输，确保通信的安全性和隐私性。量子传感利用量子态的灵敏性，实现对物理量的高精度测量，如引力波探测和磁场测量。

量子信息科学的发展不仅推动了信息技术的进步，也为物理学、化学、生物学等领域的研究提供了新的工具和方法。例如，量子模拟可以用于研究复杂分子和材料的性质，加速新药开发和材料设计。量子信息科学的应用前景广阔，涵盖了从基础研究到实际应用的多个层面。

量子信息科学通过利用量子系统的独特性质，为信息处理、通信和传感等领域带来了革命性的变革。随着技术的不断进步，量子信息有望在未来发挥更加重要的作用，推动科学技术的进一步发展。

二、量子信息的发展趋势

量子信息科学的发展趋势涵盖了多个方面，包括量子计算、量子通信和量子精密测量等关键技术的最新进展、当前的研究现状以及未来的发展方向和潜在挑战（图 16-4）。

在量子计算领域，近年来取得了显著的进展。量子比特的实现方式多种多样，包括超导量子比特、离子阱量子比特、拓扑量子比特等。各大科技公司和研究机构纷纷投入巨资进行量子计算机的研发。例如，谷歌的 Sycamore 处理器实现了“量子优越性”，完成了经典计算机无法在合理时间内完成的任务。此外，国际商业机器公司（IBM）、英特尔和瑞吉蒂（Rigetti）等公司也在量子计算硬件和软件方面取得了重要突破。然而，量子计算仍面临诸多挑战，如量子比特的相干时间短、错误率高以及大规模量子计算机的集成和调控等问题。

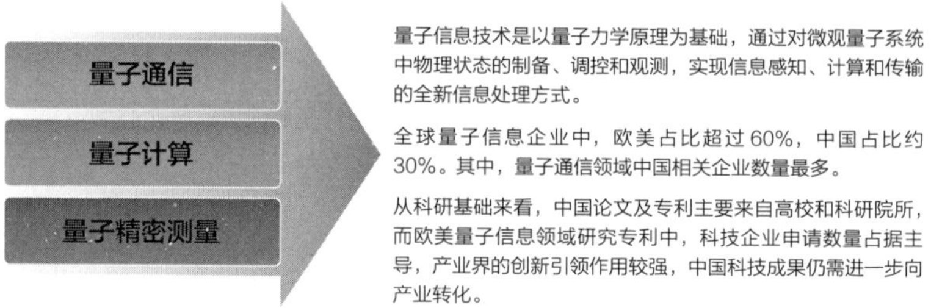

图 16-4　量子信息的发展方向

量子通信领域的发展同样引人注目。量子密钥分发技术已经进入实用化阶段，多个国家和地区已经建立了量子通信网络。例如，中国的“京沪干线”和“墨子号”量子科学实验卫星，成功实现了长距离的量子通信。欧洲的量子通信基础设施（QCI）项目也在积极推进。未来，量子通信的发展方向包括提高传输速率、延长通信距离以及实现全球量子通信网络。然而，量子通信技术的实际应用仍面临成本高、设备复杂以及与传统通信网络的兼容性等挑战。

量子精密测量技术利用量子态的灵敏性，实现了对物理量的高精度测量。例如，基于冷原子的量子传感器可以用于重力测量和惯性导航，精度远超经典传感器。量子磁力计和量子时钟也在生物医学和基础物理研究中展现出巨大潜力。未来，量子精密测量技术的发展方向包括提高测量精度、缩小设备体积以及实现多参量同时测量。

总体而言，量子信息科学的发展趋势呈现出快速进步和广泛应用的前景。然而，要实现量子信息技术的全面应用，仍需克服诸多技术和工程上的挑战。未来的研究方向包括提高量子比特的相干性和稳定性、开发高效的量子纠错码、实现量子网络的互联互通以及降低量子设备的成本和复杂性。随着这些问题的逐步解决，量子信息科学有望在计算、通信和传感等领域带来革命性的变革，推动科学技术的进一步发展。

三、量子信息作为一种未来产业对经济社会发展的促进作用

量子信息科学不仅是一项前沿科技，更是一种具有巨大潜力的未来产业，将对经济增长、行业变革、国家安全和社会进步产生深远影响。

量子信息产业对经济增长的贡献不可忽视。随着量子计算、量子通信和量子精密测量技术的不断成熟，相关产业将迎来爆发式增长。根据市场研究机构的预测，到 2030 年，全球量子信息产业的市场规模将达到数千亿美元。量子计算在金融、制药、物流等领域的应用，将大幅提升生产效率和创新能力，推动经济增长。例如，量子计算可以优化投资组合、加速新药研发、提高物流配送效率，从而为企业创造巨大的经济价值。

量子信息产业将引发多个行业的深刻变革。在金融行业，量子计算可以用于风险评估、欺诈检测和算法交易，提高金融系统的稳定性和效率。在医疗行业，量子计算可以加速药物分子模拟和基因组分析，推动个性化医疗的发展。在能源行业，量子精密测量可以用于油气勘探和电网监控，提高能源开采和

利用效率。在制造业，量子计算可以优化生产流程和供应链管理，提升产品质量和生产效率。

量子信息产业对国家安全具有重要意义。量子通信技术可以提供理论上绝对安全的通信手段，保障国家机密信息的安全传输。量子计算可以破解传统加密算法，对现有网络安全体系构成挑战，同时也为开发新型加密技术提供了机遇。各国政府纷纷将量子信息产业列为国家战略，加大研发投入和政策支持，以维护国家安全和竞争优势。

量子信息产业还将对社会进步产生积极影响。量子计算可以加速气候变化模拟和环境保护研究，为应对全球环境挑战提供科学依据。量子精密测量可以用于地震预警和灾害监测，提高公共安全水平。量子通信可以保障个人隐私和数据安全，促进信息社会的健康发展。此外，量子信息产业的发展将创造大量高技能就业机会，推动教育和人才培养体系的升级。

量子信息科学作为一门新兴的交叉学科，具有革命性的潜力，将在未来对经济社会发展产生深远影响，有望成为推动经济增长、行业变革、国家安全和社会进步的新引擎，为人类社会的可持续发展注入新的动力。

第四节
人形机器人：开启智能生活新时代

人形机器人，顾名思义，是指外形和功能上模仿人类的机器人。这类机器人通常具备类似人类的四肢、头部和躯干，能够执行多种复杂任务，如行走、抓取物体、面部表情识别和语音交互等。人形机器人的研究和发展不仅涉及机械工程、电子工程和计算机科学等多个学科，还融合了人工智能、材料科学和仿生学等前沿技术。随着技术的不断进步，人形机器人正逐渐从实验室走向实际应用，展现出广阔的发展前景。

一、人形机器人的定义和发展历程

人形机器人的发展历程可以追溯到 20 世纪中期。早期的研究主要集中在机械结构和基础运动控制上。1960 年代，日本早稻田大学的研究团队开发了 WABOT-1，这是世界上第一个全尺寸人形机器人，能够进行简单的行走和物体抓取。进入 21 世纪后，随着人工智能和传感器技术的飞速发展，人形机器人开始具备更高级的功能。2000 年，本田公司推出了 ASIMO 机器人，它能够跑步、跳舞甚至进行简单的对话，标志着人形机器人技术的一个新里程碑。

近年来，人形机器人的发展进一步加速。2016 年，波士顿动力公司发布了 Atlas 机器人，展示了其卓越的平衡能力和复杂环境适应能力。与此同时，软银公司开发的 Pepper 机器人则在服务行业中得到了广泛应用，能够进行情感识别和自然语言交互。这些里程碑事件不仅展示了人形机器人技术的快速进步，也为其未来在各个领域的应用奠定了坚实基础。

二、人形机器人技术的核心组成部分

人形机器人技术的核心组成部分包括机械结构、传感器和控制系统，这些部分共同协作，使机器人能够模仿人类的动作和行为。图 16-5 展示了人形机器人的技术构成。

机械结构是人形机器人的基础，决定了其外形和运动能力。通常，人形机器人的机械结构包括关节、连杆和驱动装置。关节设计需要考虑到灵活性和稳定性，常见的关节类型有旋转关节和线性关节。连杆则连接各个关节，形成机器人的四肢和躯干。驱动装置，如电机和液压系统，提供动力，使机器人能够执行各种动作。例如，本田公司的 ASIMO 机器人采用了精密的电机驱动系统，使其能够实现流畅的行走和跑步动作。

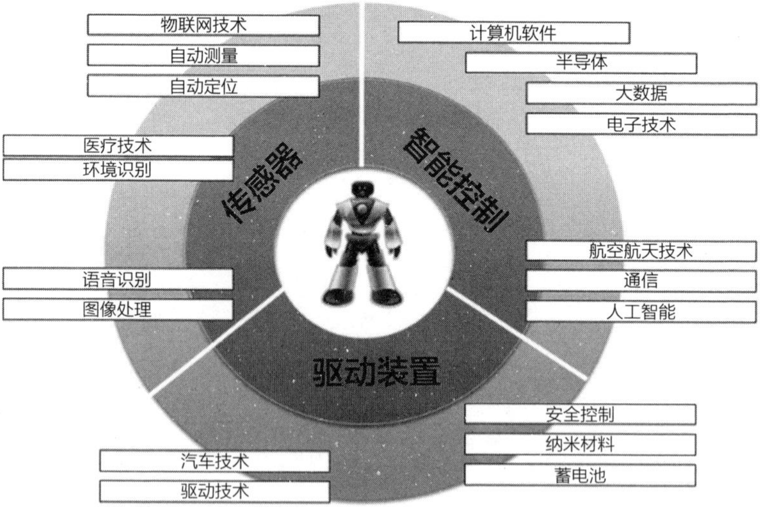

图 16-5　人形机器人的技术构成

传感器是人形机器人感知外部环境的关键组件。常见的传感器包括视觉传感器、触觉传感器和力传感器等。视觉传感器，如摄像头和红外传感器，用于识别物体和导航。触觉传感器则安装在机器人的皮肤表面，能够感知压力和温度变化。力传感器通常位于关节处，用于测量和控制机器人的力度。这些传感器共同作用，使机器人能够感知和理解周围环境，从而做出相应的反应。例如，波士顿动力公司的 Atlas 机器人配备了多种传感器，能够在复杂地形中保持平衡和稳定。

控制系统是人形机器人的“大脑”，负责处理传感器数据并控制机械结构的运动。控制系统通常包括硬件和软件两部分。硬件部分主要是嵌入式处理器和控制器，负责实时数据处理和指令执行。软件部分则包括各种算法和程序，如运动控制算法、路径规划算法和人工智能算法等。这些算法使机器人能够自主决策和执行任务。例如，软银公司的 Pepper 机器人采用了先进的人工智能算法，能够进行自然语言处理和情感识别，从而实现与人类的互动。

三、人形机器人技术的发展趋势

人形机器人技术的发展趋势主要体现在人工智能、材料科学和能源技术的进步上，这些技术的突破将极大地推动人形机器人性能的提升和应用范围的扩展。

人工智能技术的进步是人形机器人发展的核心驱动力之一。随着深度学习和神经网络算法的不断优化，人形机器人在感知、决策和执行任务方面的能力显著增强。例如，通过深度学习，机器人可以更准确地识别和理解复杂的环境信息，从而做出更为智能的反应。此外，自然语言处理技术的进步使得人形机器人能够进行更为流畅和自然的对话，极大地提升了其与人类的互动体验。未来，随着AI技术的进一步发展，人形机器人将具备更强的自主学习和适应能力，能够在更多复杂和动态的环境中执行任务。

材料科学的创新对人形机器人的机械结构和性能提升至关重要。新型轻质高强度的材料，如碳纤维复合材料和形状记忆合金，可以显著减轻机器人的重量，同时提高其机械强度和耐久性。这些材料的应用不仅使机器人更加灵活和高效，还能降低能耗，延长使用寿命。例如，使用碳纤维复合材料制造的机器人关节可以在保证强度的同时，大幅减轻重量，从而提高运动速度和灵活性。此外，柔性电子材料和仿生皮肤技术的发展，使得人形机器人能够具备更为逼真的外观和触感，进一步提升其与人类的互动体验。

能源技术的突破对人形机器人的续航能力和工作效率具有重要影响。传统的电池技术往往限制了机器人的工作时间，而新型能源技术，如高能量密度电池和无线充电技术，可以显著延长机器人的续航时间。例如，锂硫电池和固态电池具有更高的能量密度和更长的使用寿命，能够为人形机器人提供更为持久和稳定的动力支持。此外，能量回收技术的发展，如通过运动中的动能回收和太阳能充电，可以进一步提高能源利用效率，减少对外部电源的依赖。这些能源技术的进步将使人形机器人在实际应用中更加高效和可靠。

四、人形机器人在不同领域的应用前景

人形机器人在多个领域展现出广泛的应用前景，其多功能性和智能化特点使其在医疗、教育、家庭服务和工业生产等方面具有巨大的潜力（图 16–6）。

图 16–6 人形机器人将大规模普及

在医疗领域，人形机器人可以用于手术辅助、康复训练和患者护理等任务。例如，手术机器人如达·芬奇系统已经在外科手术中得到广泛应用，能够进行高精度和微创手术操作。此外，人形机器人还可以用于康复训练，帮助患者恢复运动功能。例如，日本的 HAL 机器人可以通过感知患者的肌肉信号，辅助其进行肢体运动，加速康复进程。在患者护理方面，人形机器人可以提供日常护理服务，如喂食、翻身和监测生命体

征，减轻医护人员的工作负担。

在教育领域，人形机器人可以作为教学助手，提供个性化的学习体验。例如，NAO机器人已经被广泛应用于科学、技术、工程、数学（STEM）教育中，通过互动和编程教学，激发学生的学习兴趣和创造力。此外，人形机器人还可以用于特殊教育，帮助自闭症儿童进行社交技能训练。例如，罗博金德（Robokind）公司的Milo机器人通过模拟人类表情和语言，可以帮助自闭症儿童理解和表达情感，提升其社交能力。

在家庭服务领域，人形机器人可以提供多种日常服务，如清洁、陪伴和娱乐。例如，软银公司的Pepper机器人可以识别家庭成员的情绪，进行互动和娱乐活动，提升家庭生活的质量。此外，人形机器人还可以用于家庭安全监控，通过摄像头和传感器实时监测家庭环境，及时发现和处理安全隐患。

在工业生产领域，人形机器人可以执行复杂的装配和检测任务，提高生产效率和产品质量。例如，丰田公司开发的人形机器人可以用于汽车生产线上的精密装配工作，减少人为误差和提高生产效率。此外，人形机器人还可以用于危险环境中的作业，如核电站维护和深海勘探，减少人类工人的安全风险。

五、人形机器人作为未来产业对经济社会发展的促进作用

人形机器人作为未来产业，对经济社会发展具有显著的促进作用，主要体现在经济增长、就业结构变化和社会服务提

升等方面。

人形机器人产业的发展将直接推动经济增长。随着技术的不断进步和应用范围的扩大，人形机器人市场将迅速扩展，带动相关产业链的发展。例如，机器人制造、传感器生产、人工智能算法开发等产业将迎来新的增长点。此外，人形机器人在医疗、教育、家庭服务和工业生产等领域的广泛应用，将提高生产效率和产品质量，从而提升整体经济产出。根据市场研究机构的预测，未来十年内，全球人形机器人市场规模将达到数千亿美元，成为经济增长的重要引擎。

人形机器人产业的发展将引发就业结构的变化。一方面，人形机器人的广泛应用将替代部分传统劳动力，特别是在重复性高、危险性大的工作领域，如制造业和物流业。这将导致这些领域的就业岗位减少，但同时也会催生新的就业机会。例如，机器人维护、编程和操作等新兴职业将大量涌现，需要具备相关技能的人才。因此，政府和企业需要加强职业培训和再教育，帮助劳动力适应新的就业市场需求，实现平稳过渡。

人形机器人产业的发展将显著提升社会服务水平。在医疗领域，人形机器人可以提供高精度的手术辅助和个性化的康复训练，提高医疗服务的质量和效率。在教育领域，人形机器人可以作为教学助手，提供个性化的学习体验，提升教育效果。在家庭服务领域，人形机器人可以提供日常护理和陪伴服务，改善老年人和残疾人的生活质量。此外，人形机器人还可以用于公共服务，如安全监控和灾害救援，提升社会安全水平和应急响应能力。

第五节
生成式人工智能：开启智能创造新时代

随着人工智能技术的快速发展，生成式人工智能作为其中的一个重要分支，正引起学术界和产业界的广泛关注。生成式人工智能不仅能够理解和分析数据，还能够创造新的内容，如图像、文本、音乐等，展现出巨大的潜力和应用前景。

一、生成式人工智能的含义

生成式人工智能是指一类能够创造新内容的人工智能系统，它通过学习大量数据中的模式和规律，能生成与训练数据相似但又不完全相同的新数据（图 16–7）。与传统的判别式人

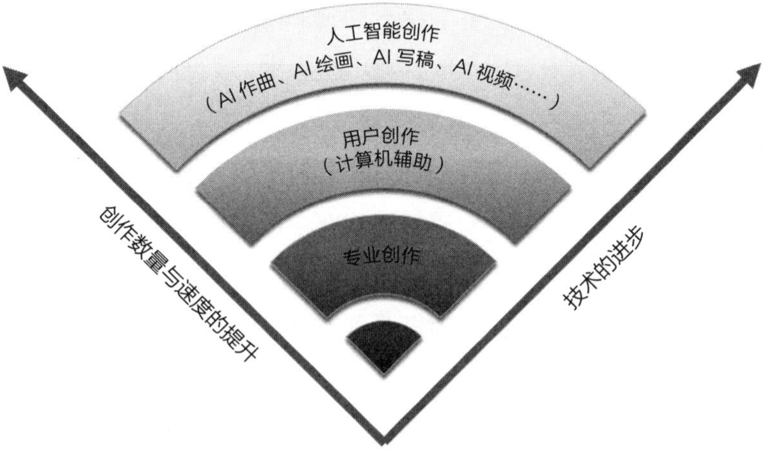

图 16–7　生成式人工智能的定义

工智能不同，生成式人工智能不仅能够识别和分类数据，还能够创造新的、有意义的内容。这种能力使得生成式人工智能在艺术创作、内容生成、药物研发等领域展现出巨大的潜力。

生成式人工智能的核心技术主要包括生成对抗网络（GANs）、变分自编码器（VAEs）和自回归模型等。生成对抗网络由生成器和判别器两个神经网络组成，通过两者的对抗训练，生成器能够产生越来越逼真的数据。变分自编码器则通过学习数据的潜在表示，能够在潜在空间中进行插值和采样，生成新的数据。自回归模型，如 GPT 系列，通过预测序列中的下一个元素，能够生成连贯的文本或音乐。

生成式人工智能的发展历程可以追溯到 20 世纪 80 年代的早期神经网络研究。然而，直到 2014 年生成对抗网络的提出，生成式人工智能才真正迎来了快速发展期。近年来，随着深度学习技术的进步和计算能力的提升，生成式人工智能在图像生成、文本创作、音乐合成等领域取得了显著成果。例如，DALL-E 能够根据文字描述生成逼真的图像，GPT-3 能够生成高质量的文本内容，Jukebox 能够创作不同风格的音乐。这些突破性进展不仅展示了生成式人工智能的强大能力，也为未来的发展奠定了坚实基础。

二、生成式人工智能的发展趋势

生成式人工智能的发展趋势可以从技术、应用和产业三个维度进行分析。在技术发展趋势方面，生成式人工智能正朝着更大规模、更高效率和更强通用性的方向发展。模型规模的不断扩大，如 GPT–3 的 1750 亿参数，使得生成内容的质量和多样性显著提升。同时，研究人员正在探索更高效的训练方法和模型架构，以降低计算成本和能源消耗。此外，跨模态生成能力的增强，如同时处理文本、图像和音频的能力，将进一步提高生成式人工智能的通用性和实用性。

在应用发展趋势方面，生成式人工智能正在从单一领域向多领域、跨领域应用扩展。在创意产业，它被用于艺术创作、音乐制作和游戏开发。在教育领域，它能够生成个性化的学习材料和评估工具。在医疗健康领域，它被用于药物研发和医学影像分析。随着技术的成熟，生成式人工智能将在更多领域发挥重要作用，如法律、金融、城市规划等。同时，人机协作模式的创新也将成为重要趋势，人工智能将更多地作为创意助手和决策支持工具，与人类专家协同工作。

在产业发展趋势方面，生成式人工智能正在形成一个完整的产业链，包括基础研究、技术开发、应用创新和商业化等环节。大型科技公司、初创企业和研究机构之间的合作日益密切，推动了技术的快速迭代和商业化应用。同时，生成式人工智能也催生了一批新兴企业，专注于特定领域的应用开发。未来，随着技术的普及和成本的降低，生成式人工智能将渗透到更多传统产业，推动产业升级和转型。此外，围绕生成式人工智能的生态系统也将逐步完善，包括数据服务、模型训练、应用开发和伦理治理等环节。

三、生成式人工智能对经济社会发展的促进作用

生成式人工智能作为一项革命性技术，将对经济社会发展产生深远影响。首先，在经济增长和产业升级方面，生成式人工智能将显著提高生产效率和创新能力。它能够自动化处理大量重复性工作，从而释放人力资源，专注于更高价值的创造性工作。同时，生成式人工智能能够快速生成大量创意和方案，如内容创作、数据分析和产品设计，加速产品迭代和创新过程。这将推动传统产业的数字化转型和升级，催生新的商业模式和经济增长点。

在就业市场方面，生成式人工智能将带来结构性变化。一方面，它可能取代部分重复性和规则性强的工作岗位；另一方面，它将创造大量新的就业机会，如人工智能训练师、数据标注师、AI 伦理专家等。此外，生成式人工智能还将改变工作方式，促进远程办公和灵活就业。为应对这些变化，政府和企业需要加强职业培训和终身学习体系，帮助劳动者适应新的就业环境。

在社会服务和公共管理领域，生成式人工智能将提高服务效率和质量。在医疗健康方面，它可以辅助诊断、个性化治疗和药物研发。在教育领域，它能够提供个性化学习方案和智能辅导。在政府服务方面，它可以提高行政效率，优化决策过程。这些应用将有助于提高公共服务水平，促进社会公平和包容性发展。

最后，生成式人工智能将推动全球合作与竞争的新格局。

一方面，各国将加强在人工智能领域的合作，共同应对技术发展带来的全球性挑战，如数据安全、隐私保护和伦理问题；另一方面，生成式人工智能也将成为国家间科技竞争的重要领域，推动各国加大研发投入，培养高端人才。这种合作与竞争的动态平衡将加速技术进步，推动全球经济社会发展。

第六节
生物制造：开启绿色经济新时代

生物制造作为一种新兴的制造模式，正在全球范围内迅速崛起。它利用生物系统和生物体来生产产品，具有高效、环保和可持续的特点。随着科技的不断进步，生物制造在医药、农业、能源和环保等领域的应用日益广泛，展现出巨大的发展潜力。本节旨在深入探讨生物制造的含义、发展趋势及其对经济社会发展的促进作用，以期为相关领域的研究和实践提供参考。

一、生物制造的含义

生物制造是一种利用生物系统和生物体来生产产品的制造模式。它通过模仿自然界的生物过程，利用生物催化剂（如酶和微生物）在温和的条件下进行高效、特异性的化学反应，从而生产出各种有用的产品。生物制造的核心在于利用生物体的代谢能力和生物分子的功能，实现从原料到产品的转化。

生物制造与传统制造模式有着显著的区别。传统制造通常依赖于物理和化学过程，需要高温、高压等极端条件，不仅消耗了大量能源，而且会产生有害废物。而生物制造则一般在常温常压下进行，能耗低、污染少，具有更高的环境友好性。此外，生物制造能够生产出许多传统制造无法合成的复杂分子，如蛋白质、多糖和核酸等，具有更高的特异性和功能性。

生物制造的基本原理包括生物催化、代谢工程和合成生物学等。生物催化利用酶或微生物作为催化剂，加速化学反应的进行。代谢工程通过改造生物体的代谢途径，优化目标产物的合成。合成生物学则设计和构建新的生物系统，赋予生物体新的功能。这些原理的结合使得生物制造能够高效、精准地生产出各种产品，满足不同领域的需求。

二、生物制造的发展趋势

生物制造的发展趋势主要体现在技术创新、政策支持和市场需求等多个方面。技术创新是推动生物制造发展的核心动力。近年来，基因编辑技术（如 CRISPR-Cas9）、高通量筛选技术和人工智能在生物制造中的应用日益广泛。这些技术不仅提高了生物制造的效率和精度，还拓展了其应用范围。例如，基因编辑技术可以精确修改微生物的基因组，使其能够生产出新的化合物。人工智能则可以通过大数据分析和机器学习优化生物制造过程，提高生产效率和产品质量。

政策支持也是生物制造发展的重要推动力。各国政府纷纷出台政策，鼓励生物制造技术的研发和应用。例如，美国政府推出了“国家生物经济蓝图”，旨在通过生物制造推动经济增长和就业。欧盟则制定了“生物经济战略”，支持生物制造在农业、能源和医药等领域的应用。这些政策不仅为生物制造提供了资金支持，还为其创造了良好的发展环境。

市场需求是生物制造发展的另一个重要驱动力。随着全球人口的增长和资源的日益紧缺，市场对可持续、环保产品的需求不断增加。生物制造能够生产出可降解塑料、生物燃料和生物基化学品等绿色产品，满足市场的需求。此外，消费者对健康和安全的关注也推动了生物医药和生物农业的发展，进一步扩大了生物制造的市场空间。图 16–8 为生物制造实验室“多联生物反应器”的概念图。

图 16–8　生物制造实验室“多联生物反应器”概念图（图片出处：搜狐网）

未来，生物制造的发展将呈现以下几个趋势：首先，技术创新将继续推动生物制造的进步，特别是在合成生物学、人工智能和纳米技术等领域的应用将更加广泛。其次，政策支持将进一步增强，各国政府将继续加大对生物制造的投入，推动其产业化进程。最后，市场需求将持续增长，特别是在环保、医药和农业等领域，生物制造将发挥越来越重要的作用。

三、生物制造在经济社会中的促进作用

生物制造作为一种新兴的制造模式，对经济社会发展具有重要的促进作用。生物制造对经济增长和就业的贡献不可忽视。随着生物制造技术的不断进步和应用领域的拓展，相关产业规模迅速扩大，创造了大量的就业机会。例如，生物医药、生物农业和生物能源等领域的快速发展，不仅带动了相关产业链的延伸，还吸引了大量高素质人才的加入。此外，生物制造的高附加值和创新特性，使其成为推动经济增长的新引擎，为国家和地区带来了显著的经济效益。

生物制造在环境保护和资源利用方面也发挥了重要作用。传统制造模式往往伴随着高能耗、高污染和资源浪费，而生物制造则通过利用可再生资源和生物催化剂，实现了低能耗、低污染的生产过程。例如，生物制造可以生产可降解塑料，减少白色污染。利用微生物处理废水、废气，降低环境污染。通过生物炼制技术，将农业废弃物转化为高附加值产品，提高资源利用效率。这些应用不仅有助于缓解环境压力，还为实现可持

续发展提供了新的路径。

生物制造对提高生活质量和健康水平也具有积极影响。在医药领域，生物制造技术可以生产出高效、低毒的药物，如基因工程药物、抗体药物和疫苗等，显著提高了疾病的治疗效果和预防能力。在农业领域，生物制造可以生产出抗病虫害、抗逆性强的转基因作物，提高农作物的产量和品质，保障粮食安全。此外，生物制造还可以生产出功能性食品和保健品，满足人们对健康和营养的需求，提高生活质量。

由此可见，生物制造在医药、农业、能源和环保等领域的应用日益广泛，展现出巨大的发展潜力。因此，生物制造作为一种新兴的制造模式，具有高效、环保和可持续的特点，正在全球范围内迅速崛起。未来，生物制造不仅对经济增长和就业有显著贡献，还在环境保护、资源利用以及提高生活质量和健康水平方面发挥了重要作用。

第七节
未来显示：开启视觉新纪元

随着科技的飞速发展，显示技术作为信息传递和交互的重要媒介，正经历着前所未有的变革。未来显示技术不仅涵盖了硬件设备的创新，还包括软件和内容的深度融合，以及用户体验的全面提升。本节将从未来显示的含义、发展趋势及其对经济社会发展的促进作用三个方面进行详细分析，以期为相关领域的研究和实践提供参考。

一、未来显示的含义

“未来显示”这一概念涵盖了多个层面的含义，既包括技术层面的创新，也涉及应用场景的拓展和用户体验的提升。从技术角度来看，未来显示不仅指硬件设备的进步，如更高分辨率、更轻薄的设计和更低的能耗，还包括软件和内容的深度融合。例如，增强现实、虚拟现实和混合现实等技术的引入，使得显示设备能够提供更加沉浸式的体验。此外，柔性显示、透明显示和全息显示等新兴技术也在不断突破传统显示技术的局限，为用户带来前所未有的视觉感受。

在应用场景方面，未来显示技术将广泛应用于各个领域。在消费电子领域，智能手机、平板电脑和电视等设备将具备更高的显示质量和更多的交互功能。在医疗领域，高精度的显示技术可以辅助医生进行更精确的诊断和手术操作。在教育领域，互动式显示设备能够提供更加生动和直观的教学内容，提升学习效果。在工业领域，未来显示技术可以用于实时监控和数据分析，提高生产效率和安全性。

用户体验的提升是未来显示技术的核心目标之一。通过引入人工智能和机器学习（ML）技术，显示设备能够根据用户的行为和偏好进行自适应调整，提供个性化的内容推荐和交互方式。例如，智能显示设备可以根据用户的视线和手势进行自动调节，提供更加自然和便捷的操作体验。此外，未来显示技术还将注重多感官交互，通过触觉、听觉和嗅觉等多种感官的协同作用，提供更加丰富和沉浸式的用户体验。

二、未来显示技术的发展趋势

未来显示技术的发展趋势可以从技术演进和市场趋势两个方面进行分析。在技术演进方面，显示技术正朝着更高分辨率、更轻薄设计和更低能耗的方向发展。例如，Micro LED（微发光二极管）和 Mini LED（次毫米发光二极管）技术的出现，使得显示设备在保持高亮度和高对比度的同时，能够实现更低的功耗和更长的使用寿命。此外，量子点显示技术也在不断提升色彩表现力和能效，为用户提供更加逼真的视觉体验。

在市场趋势方面，未来显示技术的应用领域将不断扩展。随着 5G 网络的普及和物联网（IoT）技术的发展，显示设备将与其他智能设备实现无缝连接，形成更加智能化和互联互通的生态系统。例如，智能家居系统中的显示设备可以与安防系统、照明系统和家电设备进行联动，提供更加便捷和智能的生活体验。在商业领域，未来显示技术将广泛应用于广告、零售和展览等场景，通过互动式和高清晰度的显示内容，提升品牌形象和用户体验。

三、未来显示技术应用领域的扩展

未来显示技术的应用领域将不断扩展，涵盖消费电子、医疗、教育、工业等多个领域（图 16–9）。在消费电子领域，智能手机、平板电脑和电视等设备将具备更高的显示质量和更多的交互功能。例如，折叠屏手机的推出，使得用户可以在便携设备上享受更大的屏幕空间，提升多任务处理和娱乐体验。在医疗领域，高精度的显示技术可以辅助医生进行更精确的诊断和手术操作。例如，高分辨率的医疗影像显示设备可以帮助医生更清晰地观察病变部位，提高诊断的准确性和手术的成功率。

图 16-9 未来显示的广泛用途

在教育领域，互动式显示设备能够提供更加生动和直观的教学内容，提升学习效果。例如，智能白板和虚拟实验室等设备可以让学生通过互动操作，更深入地理解复杂的概念和实验过程。在工业领域，未来显示技术可以用于实时监控和数据分析，提高生产效率和安全性。例如，工业控制面板和监控屏幕可以通过高清晰度和实时数据显示，帮助操作人员及时发现和解决生产中的问题，减少停机时间并降低事故发生率。

四、未来显示技术对经济发展的推动作用

未来显示技术对经济发展的推动作用主要体现在产业链的

延伸、新市场的开拓以及创新驱动等方面。首先，未来显示技术的发展将带动整个产业链的延伸和升级。从上游的材料供应商到中游的显示面板制造商，再到下游的终端设备生产商，整个产业链将因技术进步而获得新的发展机遇。例如，新型显示材料如量子点、有机发光二极管（OLED）和Micro LED的研发和应用，将推动材料科学和制造工艺的进步，形成新的产业增长点。

其次，未来显示技术将开拓新的市场和应用场景。随着显示技术的不断进步，新的应用领域将不断涌现，如智能家居、智能交通、智慧城市等。这些新兴市场不仅为显示技术提供了广阔的应用空间，也为相关产业带来了新的商机。例如，智能家居系统中的显示设备可以与安防系统、照明系统和家电设备进行联动，提供更加便捷和智能的生活体验，从而推动智能家居市场的快速发展。

此外，未来显示技术还将通过创新驱动，推动经济增长。显示技术的创新不仅体现在硬件设备的进步上，还包括软件和内容的深度融合。例如，增强现实、虚拟现实和混合现实等技术的引入，使得显示设备能够提供更加沉浸式的体验，从而推动娱乐、教育、医疗等行业的创新发展。这些创新不仅提升了用户体验，也为相关产业带来了新的商业模式和盈利点，进一步推动了经济的增长。

五、未来显示技术对社会发展的影响

未来显示技术对社会发展的影响深远且广泛，主要体现在提升生活质量、促进社会信息化和推动文化传播等方面。首先，未来显示技术将显著提升人们的生活质量。在家庭环境中，高清晰度、大屏幕的智能电视和智能家居显示设备可以提供更加丰富和便捷的娱乐体验。例如，通过智能电视，用户可以轻松访问各种流媒体服务，享受高质量的视听内容。

其次，未来显示技术将促进社会信息化进程。随着5G网络的普及和物联网（IoT）技术的发展，显示设备将与其他智能设备实现无缝连接，形成更加智能化和互联互通的生态系统。例如，在智慧城市建设中，高清晰度的公共信息显示屏幕可以实时展示交通信息、天气状况和公共安全提示，提升城市管理效率和居民生活质量。在教育领域，互动式显示设备和虚拟现实技术的应用，可以提供更加生动和直观的教学内容，促进教育资源的均衡分配和教学质量的提升。

最后，未来显示技术还将推动文化传播和交流。高清晰度、大屏幕的显示设备可以更好地展示文化作品和艺术展览，提升观众的观赏体验。例如，博物馆和艺术馆可以利用高分辨率的显示设备和虚拟现实技术，为观众提供沉浸式的文化体验，增强文化传播的效果。在广告和媒体领域，互动式和高清晰度的显示内容可以更好地吸引观众的注意力，提升品牌形象和传播效果。

概括而言，未来显示技术作为信息传递和交互的重要媒介，正经历着前所未有的变革，其发展趋势包括技术演进和市场趋势两个方面，应用领域将不断扩展，涵盖消费电子、医疗、教育、工业等多个领域。未来显示技术对经济发展的推动作用主要体现在产业链的延伸、新市场的开拓以及创新驱动等方面，对社会发展的影响主要体现在提升生活质量、促进社会信息化和推动文化传播等方面。

第八节
未来网络：拓展网络经济新空间

随着信息技术的迅猛发展，未来网络已成为全球关注的焦点。未来网络不仅是对现有互联网的升级和扩展，更是对网络架构、协议和应用的全面革新。本节旨在探讨未来网络的含义、发展趋势及其作为一种未来产业对经济社会发展的促进作用。通过深入分析未来网络的技术特征、应用场景及其对经济社会的深远影响，本节将为读者提供一个全面的视角，以理解未来网络的重要性和潜力。

一、未来网络的含义

未来网络是指通过先进的信息通信技术和创新的网络架构，构建一个更加智能、高效、安全和可靠的网络环境。它不仅是对现有互联网的升级和扩展，更是对网络架构、协议和应用的全面革新。未来网络的核心在于其智能化和自适应性，能够根据用户需求和环境变化动态调整网络资源，提供个性化的服务。

未来网络与现有互联网相比，具有显著的区别和优势。现有互联网主要基于 TCP / IP 协议，虽然在全球范围内实现了广泛连接，但在安全性、可扩展性和服务质量方面存在诸多不足。未来网络则通过引入软件定义网络（SDN）、网络功能虚拟化（NFV）和边缘计算等新技术，大幅提升了网络的灵活性和可管理性。例如，软件定义网络通过将控制平面和数据平面分离，使网络管理员能够通过软件编程的方式动态调整网络流量，提高了网络的响应速度和资源利用率。

未来网络的关键技术特征包括高带宽、低延迟、高可靠性和强安全性。高带宽和低延迟是未来网络支持大规模数据传输和实时应用的基础，如虚拟现实、增强现实和自动驾驶等。高可靠性则通过冗余设计和智能故障恢复机制，确保网络在各种极端条件下的稳定运行。强安全性则通过加密技术、身份认证和访问控制等手段，保护用户数据和隐私，防止网络攻击和数据泄露。

未来网络的应用场景广泛，涵盖了智慧城市、工业互联网、远程医疗、智能交通等多个领域。在智慧城市中，未来网络通过连接各种传感器和设备，实现城市资源的智能管理和优化配置，提升城市运行效率和居民生活质量。在工业互联网中，未来网络通过高可靠性和低延迟的通信，支持智能制造和工业自动化，提高生产效率和产品质量。在远程医疗中，未来网络通过高带宽和低延迟的传输，实现高清视频会诊和远程手术，提升医疗服务的可及性和质量。在智能交通中，未来网络通过实时数据传输和分析，优化交通流量和减少拥堵，提升交通安全和效率。

未来网络通过其智能化、自适应性和高效性，将在多个领域发挥重要作用，推动经济社会的发展和进步。

二、未来网络的发展趋势

未来网络的发展趋势主要体现在技术创新、标准化进程、全球合作与竞争以及政策与法规环境等方面。这些趋势共同推动着未来网络的演进和应用，使其在经济社会中发挥更加重要的作用。

技术创新是未来网络发展的核心驱动力。软件定义网络、网络功能虚拟化和边缘计算等新技术的引入，极大地提升了网络的灵活性和可管理性。软件定义网络通过将控制平面和数据平面分离，使网络管理员能够通过软件编程的方式动态调整网络流量，提高了网络的响应速度和资源利用率。网络功能虚拟化则通过将网络功能虚拟化，使网络设备能够以软件的形式运行在通用硬件上，降低了网络部署和运维的成本。边缘计算通过将计算和存储资源推向网络边缘，减少了数据传输的延迟，提升了实时应用的性能。这些技术的不断创新和融合，将为未来网络提供更强大的技术支持。

标准化进程在未来网络的发展中起着至关重要的作用。标准化不仅能够确保不同厂商和设备之间的互操作性，还能促进技术的普及和应用。目前，国际电信联盟（ITU）、互联网工程任务组（IETF）和欧洲电信标准化协会（ETSI）等组织正在积极推动未来网络的标准化工作。例如，国际电信联盟电信标准分局正在制定未来网络的架构和协议标准，互联网工程任务组则在推动软件定义网络和网络功能虚拟化的标准化进程。这些标准化工作将为未来网络的全球部署和应用奠定坚实的基础。

全球合作与竞争是未来网络发展的另一重要趋势。未来网络的研发和应用需要全球范围内的合作，以共享资源、技术和经验。例如，欧盟的“地平线 2020”计划和中国的发展规划都在积极推动未来网络的研究和应用。同时，各国也在未来网络领域展开激烈的竞争，以争夺技术制高点和市场份额。例如，美国在软件定义网络和网络功能虚拟化技术方面处于领先地位，中国则在 5G 和物联网领域取得了显著进展。这种合作与竞争并存的格局，将加速未来网络的技术进步和应用推广。

政策与法规环境对未来网络的发展具有重要影响。各国政府通过制定和实施相关政策，为未来网络的研发和应用提供支持和保障。例如，美国政府通过“国家网络战略”和“网络空间安全战略”，推动未来网络的安全和创新发展。我国政府则通过“互联网 +”行动计划和新一代人工智能发展规划，促进未来网络与经济社会各领域的深度融合。此外，各国还在制定和完善相关法规，以规范未来网络的应用和管理，保护用户数据和隐私，防止网络攻击和数据泄露。

三、未来网络作为一种未来产业对经济社会发展的促进作用

未来网络作为一种未来产业，对经济社会发展的促进作

用主要体现在经济增长、产业升级、就业机会和社会福祉等方面。这些影响不仅体现在宏观经济的增长上，还深入各个产业和社会的方方面面（图 16–10）。

拓展网络经济空间

01 构建泛在高效的信息网络

牢牢把握信息技术变革趋势，实施网络强国战略，加快建设数字中国，推动信息技术与经济社会发展深度融合，加快推动信息经济发展壮大。

02 发展现代互联网产业体系

实施“互联网 +”行动计划，促进互联网深度广泛应用，带动生产模式和组织方式变革，形成网络化、智能化、服务化、协同化的产业发展新形态。

03 实施国家大数据战略

把大数据作为基础性战略资源，全面实施促进大数据发展行动，加快推动数据资源共享开放和开发应用，助力产业转型升级和社会治理创新。

04 强化信息安全保障

统筹网络安全和信息化发展，完善国家网络安全保障体系，强化重要信息系统和数据资源保护，提高网络治理能力，保障国家信息安全。

图 16–10　未来网络的重要意义

未来网络对经济增长的贡献不可忽视。根据麦肯锡全球研究院的报告，到 2030 年，未来网络相关产业有望为全球国内生产总值贡献超过 10 万亿美元。这一巨大的经济贡献主要来自未来网络技术在各个行业的广泛应用，如智能制造、智慧城市、远程医疗和智能交通等。这些应用不仅提高了生产效率和服务质量，还催生了新的商业模式和市场机会。例如，未来网络支持的智能制造能够大幅提升生产线的自动化水平，减少人工干预，降低生产成本，从而提高企业的竞争力。

未来网络对产业升级的推动作用显著。通过引入软件定义网络、网络功能虚拟化和边缘计算等新技术，未来网络能够为传统产业提供更高效、灵活和智能的解决方案。例如，在制造业中，未来网络支持的工业互联网能够实现设备的互联互通和数据的实时分析，从而优化生产流程，提高产品质量。在服务业中，未来网络支持的智慧城市能够实现城市资源的智能管理和优化配置，提升城市运行效率和居民生活质量。这些产业升级不仅提高了企业的竞争力，还推动了整个经济结构的优化和升级。

未来网络对就业市场的影响也是深远的。虽然未来网络的自动化和智能化可能会减少部分传统岗位，但同时也会创造大量新的就业机会。例如，未来网络的研发、部署和维护需要大量的高技能人才，如网络工程师、数据科学家和人工智能专家等。此外，未来网络支持的创新应用和商业模式也会催生新的职业和岗位，如虚拟现实设计师、远程医疗顾问和智能交通规划师等。这些新的就业机会不仅能够缓解就业压力，还能提升劳动力的整体素质和技能水平。

未来网络对社会福祉的提升作用显著。未来网络支持的远程医疗、在线教育和智能交通等应用，能够大幅提升公共服务的可及性和质量。例如，远程医疗能够为偏远地区的居民提供高质量的医疗服务，减少医疗资源的不均衡分布。在线教育能够为更多人提供优质的教育资源，促进教育公平。智能交通能够优化交通流量，减少拥堵和事故，提升交通安全和效率。这些应用不仅提高了居民的生活质量，还促进了社会的和谐与稳定。

未来网络作为一种未来产业，对经济社会发展的促进作用体现在经济增长、产业升级、就业机会和社会福祉等多个方面。这些影响不仅推动了经济的持续增长和结构的优化升级，还提升了社会的整体福祉和居民的生活质量。

第九节
新型储能：开启未来能源革命的新方式

随着全球能源结构转型和应对气候变化的迫切需求，新型储能技术作为能源领域的重要创新，正受到越来越多的关注。新型储能不仅能够有效解决可再生能源发电的间歇性和波动性问题，还能提高能源利用效率，优化电力系统运行，对实现能源革命和可持续发展具有重要意义。

一、新型储能的含义

新型储能是指利用先进技术和材料，将能量以高效、环保、灵活的方式储存起来，在需要时释放利用的系统。与传统储能方式相比，新型储能具有能量密度高、响应速度快、循环寿命长、环境友好等特点。新型储能的主要技术分类包括电化学储能（如锂离子电池、钠硫电池）、机械储能（如压缩空气储能、飞轮储能）、电磁储能（如超级电容器、超导磁储能）和热储能等（图 16–11）。

截至2023年年底，全国已建成投运新型储能项目累计装机规模达3139万千瓦/6687万千瓦时，平均储能时长2.1小时。

从投资规模来看，“十四五”以来，新增新型储能装机直接推动经济投资超1000亿元，进一步拓展产业链上下游，成为我国经济发展新动能。

图16-11　新型储能的涵盖范围

新型储能的优势主要体现在以下几个方面：首先，它能够有效解决可再生能源发电的间歇性和波动性问题，提高电网的稳定性和可靠性；其次，新型储能可以提高能源利用效率，实现削峰填谷，降低电力系统运行成本；再次，新型储能具有快速响应能力，能够提高电力系统的灵活性和调节能力；最后，新型储能技术大多环境友好，有助于减少碳排放，推动能源结构清洁化转型。

二、新型储能的发展趋势

新型储能市场前景广阔，据国际能源署（IEA）预测，到2030年全球储能装机容量将增长15倍，达到1200吉瓦[①]以上。这一增长主要得益于可再生能源的快速发展和电力系统灵活性需求的增加。在区域分布上，中国、美国和欧洲将继续引领全

① 1吉瓦$=10^9$瓦。——编者注

球新型储能市场，同时印度、东南亚等新兴市场也将快速增长。应用领域方面，新型储能将在电力系统调峰调频、可再生能源并网、分布式能源系统、电动汽车等领域发挥重要作用。

政策支持是推动新型储能发展的重要动力。各国政府纷纷出台支持政策，如美国的《储能法案》、欧盟的《清洁能源一揽子计划》、中国的《关于促进储能技术与产业发展的指导意见》等。这些政策主要通过财政补贴、税收优惠、市场机制改革等方式，为新型储能产业发展创造有利环境。同时，国际组织和多边机构也在推动全球储能合作，如国际可再生能源署（IRENA）的储能创新联盟，促进了技术交流和经验分享。

技术创新是新型储能发展的核心驱动力。当前，新型储能技术正朝着高能量密度、长循环寿命、低成本、高安全性方向发展。在电化学储能领域，固态电池、锂硫电池、钠离子电池等新型电池技术不断突破；在机械储能领域，压缩空气储能、液态空气储能等技术取得重要进展；在热储能领域，相变储能材料、高温熔盐储能等技术不断成熟。此外，人工智能、大数据等数字技术的应用，也在提升储能系统的智能化水平和运行效率。

三、新型储能对经济社会发展的促进作用

新型储能对能源结构调整具有重要推动作用。首先，它能够有效解决可再生能源发电的波动性和间歇性问题，提高可再生能源的消纳比例，推动能源结构向清洁化、低碳化转型。

其次，新型储能可以提高电力系统的灵活性和可靠性，促进分布式能源和微电网的发展，推动能源生产和消费模式变革。再次，新型储能能够实现能源的时空转移，提高能源利用效率，减少能源浪费。最后，新型储能技术的发展将带动整个能源产业链的升级，推动能源系统向智能化、数字化方向发展。

在经济增长和产业升级方面，新型储能产业正在成为新的经济增长点。首先，新型储能产业链长、关联度大，能够带动电池材料、电力电子、系统集成等多个领域的发展，创造大量就业机会。其次，新型储能技术的创新和应用将推动传统能源产业的转型升级，促进能源与信息、交通等产业的融合发展。再次，新型储能产业的发展将催生新的商业模式和服务业态，如储能即服务（StaaS）、虚拟电厂等，为经济增长注入新动能。最后，新型储能技术的突破将提升我国在全球能源科技竞争中的地位，增强能源产业链供应链的自主可控能力。

新型储能在环境保护和可持续发展方面发挥着重要作用。首先，新型储能能够提高可再生能源的利用率，减少化石能源消耗，降低温室气体排放，助力实现碳中和目标。其次，新型储能技术的应用可以减少电力系统的备用容量需求，提高能源利用效率，降低能源生产和消费过程中的环境影响。再次，新型储能能够支持电动汽车的普及和发展，减少交通运输领域的碳排放。最后，新型储能技术的进步将推动循环经济的发展，如电池回收利用技术的创新，有助于减少资源浪费和环境污染。

在社会效益和民生改善方面，新型储能也展现出巨大潜力。首先，新型储能能够提高电力系统的可靠性和稳定性，减少停电事故，保障居民生活用电质量。其次，新型储能可以支持偏远地区和离网地区的电力供应，改善能源可及性，促进社会公平。再次，新型储能技术的应用可以降低电力系统运行成本，最终惠及终端用户，减轻居民用电负担。最后，新型储能产业的发展将创造大量高质量就业机会，促进人才培养和技术创新，推动社会进步。

总之，新型储能作为能源领域的重要创新，正在全球范围内迅速发展，并对经济社会发展产生深远影响。研究表明，新型储能具有高效、环保、灵活等特点，能够有效解决可再生能源发电的间歇性和波动性问题，提高能源利用效率，优化电力系统运行，从而推动能源结构调整，促进清洁能源发展，并有效带动经济增长，推动产业升级，还能大幅改善环境质量，助力可持续发展，提高社会福祉，促进民生改善。

后　记
走向高质量发展的密钥

站在历史与未来的交汇点上，我们正在见证一个伟大时代的转型与跃迁。在“十四五”规划的收官钟声即将敲响，“十五五”规划的蓝图正在徐徐展开之际，一个关乎国家前途命运的重大命题摆在我们面前：如何在这承前启后的关键时期，为中国经济的高质量发展注入持久动能？

习近平总书记高瞻远瞩地指出：“谋划‘十五五’时期经济社会发展，必须准确把握‘十五五’时期的阶段性要求，着眼强国建设、民族复兴伟业，紧紧围绕基本实现社会主义现代化目标，一个领域一个领域合理确定目标任务，提出思路举措。”这番话语犹如明灯，为我们指明了前进的方向。而在这幅宏伟蓝图中，发展新质生产力，构建与之相适应的创新生态系统，无疑是推动中国这艘经济巨轮破浪前行的核心引擎。

新质生产力：重塑全球经济竞争格局的中国方案

在这个百年未有之大变局的时代，新质生产力正在重新定义全球竞争的规则。它不是简单的技术迭代，而是一场深刻的生产力革命，是技术突破、要素重构和产业转型协同作用的全新生产力形态。这种生产力以颠覆性创新为内核，以高效能、高质量为特征，正在彻底改变传统的发展路径和增长模式。

让我们把目光投向全球创新版图。在硅谷的实验室里，量子计算机正在突破经典计算的极限；在德国的工业 4.0 工厂中，数字孪生技术正在重塑制造流程；在中国的科技园区，人工智能算法正在赋能千行百业。这些创新实践无不印证着一个真理：谁掌握了新质生产力的主动权，谁就掌握了未来发展的制高点。

创新生态：孕育新质生产力的沃土

如果说新质生产力是参天大树，那么创新生态就是孕育它的肥沃土壤。这个生态系统不是简单的要素叠加，而是一个由政府、企业、科研机构等多主体构成的创新共同体。在这个系统中，知识流动如同养分循环，创新文化如同阳光雨露，共同滋养着新质生产力的成长。

美国硅谷的成功经验告诉我们，创新生态的活力源于其多样性。这里有世界顶尖的研究型大学，有敢于冒险的企业家精神，有成熟的风险投资体系，还有鼓励失败的宽容文化。正是这种多元共生的生态系统，才能持续催生改变世界的创新成果。

中国路径：新质生产力发展的战略选择

在中国特色的发展道路上，新质生产力的培育有其独特的实现路径。我们既不能照搬西方模式，也不能固步自封，而要走出一条符合国情的发展道路。

首先，需要构建新型举国体制。在关键核心技术攻关上，要发挥社会主义制度集中力量办大事的优势。正如我们在航天工程、高铁技术等领域取得的突破所证明的，这种体制能够有效整合创新资源，实现重大突破。

其次，要打造梯度发展的创新体系。既要支持“从0到1”的原始创新，也要促进“从1到N”的产业化应用。在北京、上海、粤港澳大湾区等创新高地建设国际科创中心的同时，也要推动创新要素在全国范围内的合理流动和优化配置。

最后，要深化体制机制改革。破除制约创新的制度藩篱，完善科技评价体系，健全知识产权保护制度，让科研人员的创新活力充分涌流。正如深圳在科技创新领域的成功实践所展示的，制度创新往往能释放出巨大的创新红利。

产业变革：新质生产力的实践场域

新质生产力最终要落脚到产业转型升级上。当前，全球产业格局正在经历深刻重构，这既带来挑战，更蕴含机遇。

在传统产业领域，数字化转型正在掀起一场效率革命。以美的集团为例，通过建设数字化工厂，其生产效率提升了30%以上，产品不良率降低了50%。这种变革不是简单的技术应用，而是对整个生产体系的重新定义。

在新兴产业领域，颠覆性创新正在创造全新的市场空间。新能源汽车产业的爆发式增长就是最好例证。中国新能源汽车产销量已连续多年位居全球第一，带动了从锂电池到智能网联的完整产业链崛起。

在未来产业领域，前沿技术正在孕育新的增长点。量子信息、基因技术、深海空天开发等战略性领域，都可能成为引领下一轮经济增长的突破口。

未来展望：新质生产力引领民族复兴

展望“十五五”，新质生产力将成为推动中国式现代化的强大引擎。在这个充满希望的新时代，我们每个人都既是见证者，更是参与者。

对企业而言，要勇当创新主体。像大疆创新那样，通过持续的技术突破，在消费级无人机领域做到全球领先，展现中国企业的创新实力。

对科研工作者而言，要敢闯创新“无人区”。正如北斗团队攻克星间链路技术那样，在关键核心技术上实现自主可控。

对政府部门而言，要善当创新“护航者”。通过制度创新破除体制机制障碍，营造有利于创新的政策环境。

历史的长河奔流不息，创新的脚步永不停歇。站在新的历史起点上，让我们以发展新质生产力为契机，共同书写中华民族伟大复兴的壮丽篇章。正如本书所阐释的，当创新成为民族进步的灵魂，当新质生产力成为国家发展的引擎，中国必将在这场全球生产力革命中赢得主动、赢得优势、赢得未来。